OEUVRES

COMPLÈTES

DE VAUVENARGUES.

PARIS. — IMPRIMERIE DE CASIMIR,
RUE DE LA VIEILLE-MONNAIE, N° 12.

OEUVRES

COMPLÈTES

DE VAUVENARGUES

PRÉCÉDÉES

D'UNE NOTICE SUR SA VIE ET SES OUVRAGES,

ET ACCOMPAGNÉES

DES NOTES DE VOLTAIRE, MORELLET ET SUARD.

Nouvelle Édition.

TOME I.

PARIS,

J. L. J. BRIÈRE, LIBRAIRE, RUE S.-ANDRÉ-DES-ARTS, N° 68;

BRISSOT-THIVARS ET Cie, LIBRAIRES,

RUE DE L'ABBAYE St-GERMAIN-DES-PRÉS, N° 14.

1827.

AVIS DU LIBRAIRE ÉDITEUR.

Nous avons, comme l'annonçait notre Prospectus, enrichi cette édition des notes de Voltaire, de l'abbé Morellet et de M. Suard; chacune des notes qui leur appartiennent sont signées de leurs initiales. Les nôtres, en très-petit nombre, sont distinguées par le mot ÉDIT.

NOTICE

SUR LA VIE ET LES ÉCRITS DE VAUVENARGUES.

Luc de Clapiers, marquis de Vauvenargues, issu d'une noble et ancienne famille de Provence, naquit à Aix le 10 août 1715, époque de la mort de Louis XIV.

Le beau siècle qui venait de finir avait produit, dans presque tous les genres de littérature, des modèles qui n'ont point été égalés; mais il avait répandu en même temps, dans les esprits, des germes de goût et d'émulation qui n'ont pas été stériles.

La destinée des hommes de génie qui ouvrent une carrière est d'y entrer sans guide, et de laisser loin derrière eux ceux qui tentent de suivre leurs traces; et telle fut la gloire de Corneille, de Molière, de Racine, de La Fontaine, de Bossuet, de La Bruyère; mais le siècle qui a produit Fontenelle, Voltaire, Montesquieu, Buffon, Rousseau, le siècle qui a perfectionné et assuré la marche de la langue française, qui a répandu la lumière sur tous les objets des connaissances humaines, n'a rien à envier aux plus belles époques de la littérature; ce siècle même serait digne de s'associer à la célébrité de celui qui l'a précédé, par le seul avantage d'avoir su mieux sentir et mieux apprécier toute la supériorité des grands écrivains auxquels il n'a pu donner de rivaux. Racine, Molière, La Fontaine, souvent méconnus par leurs contemporains, ont trouvé dans la génération suivante des appréciateurs plus sensibles et plus justes; et c'est dans l'admiration réfléchie des hommes éclairés du dix-huitième siècle que le dix-septième a reçu le complément de sa gloire.

Il est dans la nature des choses qu'une époque de goût succède à une époque de génie, et malheureusement cela n'arrive pas toujours. Ce qui est plus rare encore, c'est que le même âge réunisse au perfectionnement du goût les créations du génie. Cette réunion caractérisera le mérite du dix-huitième siècle aux yeux de la postérité, lorsqu'un misérable esprit de parti, né de circonstances extraordinaires et soutenu par les plus vils motifs, aura cessé de répandre des nuages sur une vérité incontestable pour tous les bons esprits.

Quelques écrivains restreignent beaucoup trop

le sens du mot *génie*, quoiqu'ils n'y aient aucune prétention, ou plutôt parce qu'ils n'y ont aucun droit. Pour moi, je pense que toute production de l'esprit qui offre des idées nouvelles sous une forme intéressante, tout ce qui porte, dans la pensée comme dans l'expression, un caractère de force et d'originalité, est l'œuvre du génie; et, sous ce rapport, je ne crains pas de regarder Vauvenargues comme un homme de génie, quoiqu'il ne puisse pas être mis au premier rang des génies créateurs et des talens originaux.

Il est bien certain qu'il ne dut qu'à la nature le talent qu'il a montré dans ses ouvrages. L'emploi qu'il fit de ses premières années semblait plus propre à l'éloigner des études littéraires qu'à y préparer son esprit et son goût. Une constitution faible et une santé souvent altérée nuisirent au succès des premières instructions qu'il reçut. Élevé dans un collége, il y montra peu d'ardeur pour l'étude, et n'en remporta qu'une connaissance très-superficielle de la langue latine. Appelé de bonne heure au service par sa naissance et le vœu de ses parens, les goûts de la jeunesse et les dissipations de l'état militaire lui firent bientôt oublier le peu qu'il avait appris au collége, et il est mort sans être en état de lire Horace et Tacite dans leur langue.

L'espace dans lequel se renferme la vie toute entière de Vauvenargues, composerait à peine la jeunesse d'un homme ordinaire. Il mourut à trente-deux ans; et, dans une vie si courte, très-peu d'années semblent avoir été employées à le conduire au genre de célébrité auquel il devait parvenir.

Il entra au service en 1734; il avait dix-huit ans, et cette même année il fit la campagne d'Italie, sous-lieutenant au régiment du roi, infanterie.

Ce n'était pas là une école où il pût préparer les matériaux de l'*Introduction à la connaissance de l'esprit humain;* ce n'était pas dans un camp, au milieu des occupations actives de la guerre, qu'un jeune officier de dix-huit ans paraissait devoir trouver des moyens de former son cœur et son esprit au goût de la méditation et de l'étude; mais la nature, en douant Vauvenargues d'un esprit actif, lui avait donné en même temps la droiture d'ame qui en dirige les mouvemens et le sérieux qui accompagne l'habitude de la réflexion.

Il joignait à une ame élevée et sensible le sentiment de la gloire et le besoin de s'en rendre digne : ce sont là les traits qui caractérisent essentiellement ses écrits. Il apportait au service les qualités qui composent le mérite d'un homme d'honneur, plutôt que celles qui servent à le faire remarquer. Sa figure, quoiqu'elle eût de la douceur et ne manquât pas de noblesse, n'avait rien qui le distinguât avantageusement parmi ses camarades. La faiblesse de son tempérament ne lui avait pas permis d'acquérir dans les exercices du corps cette supériorité d'adresse et de force qui donne à la jeunesse tant de grâce et d'éclat. Enfin une excessive timidité, tourment ordinaire d'une ame jeune, avide d'estime, et que blesse l'apparence seule d'un reproche, voilait trop souvent les lumières de son esprit pour ne laisser apercevoir que l'intéressante et douce simplicité de son caractère. C'est près de lui qu'on eût pu concevoir cette pensée qu'il a exprimée depuis avec tant de charme : *Les premiers jours du printemps ont moins de grâce que les vertus naissantes d'un jeune homme*. Douce, tempérée, sensible, semblable en tout *aux premiers jours du printemps*, sa vertu devait se faire aimer d'abord; mais le temps et les occasions pouvaient seuls en développer les heureux fruits.

Il est des écrivains dont on peut aisément consentir à ignorer la vie et le caractère, tout en jouissant des productions de leur esprit et des fruits de leur talent; mais l'écrivain moraliste n'est pas de ce nombre. Il ne suffit pas au précepteur de morale de faire usage de sa raison et de ses lumières; il faut que nous croyions que sa conscience a approuvé les règles qu'il dicte à la nôtre; il faut que le sentiment qu'il veut faire passer dans notre ame paraisse découler de la sienne; et avant d'accorder à ses maximes l'empire qu'elles veulent exercer sur notre conduite, nous aimons à être persuadés que celui qui les enseigne s'est soumis lui-même à ce qu'elles peuvent avoir de rigoureux.

Ce n'est pas seulement une morale pure, un esprit droit, une raison forte et éclairée qui ont dicté les écrits de Vauvenargues. Le caractère particulier d'élévation qui les distingue ne peut appartenir qu'à une ame d'un ordre supérieur; et la douce indulgence qui s'y mêle aux plus nobles mouvemens, ne peut être le simple produit de la réflexion et le résultat des combinaisons de l'esprit; ce doit être encore l'épanchement du plus beau naturel, que la raison a pu perfectionner, mais qu'elle n'aurait pu suppléer.

Vauvenargues en s'élevant de bonne heure, plutôt par la supériorité de son ame que par la gravité de ses pensées, au-dessus des frivoles occupations de son âge, n'avait point contracté dans l'habitude des idées sérieuses, cette austérité qui accompagne d'ordinaire les vertus de la jeunesse ; car les vertus de la jeunesse sont plus communément le fruit de l'éducation que de l'expérience ; et l'éducation apprend bien aux jeunes gens combien la vertu est nécessaire, mais l'expérience seule peut leur apprendre combien elle est difficile.

Vauvenargues, jeté dans le monde dès les premières années qui suivent l'enfance, apprit à le connaître avant de penser à le juger ; il vit les faiblesses des hommes avant d'avoir réfléchi sur leurs devoirs ; et la vertu, en entrant dans son cœur, y trouva toutes les dispositions à l'indulgence.

La douceur et la sûreté de son commerce lui avaient concilié l'estime et l'affection de ses camarades, pour la plupart sans doute moins sages et moins sérieux que lui ; mais, dit Marmontel qui en avait connu plusieurs, « Ceux qui étaient « capables d'apprécier un si rare mérite, avaient « conçu pour lui une si tendre vénération que « je lui ai entendu donner par quelques uns le « nom respectable de père. » Ce nom respectable n'était peut-être pas donné bien sérieusement par de jeunes militaires à un camarade de leur âge ; mais le ton même du badinage, en se mêlant à la justice qu'ils se plaisaient à lui rendre, prouverait encore à quel point Vauvenargues avait su se faire pardonner cette supériorité de raison qu'il ne pouvait dissimuler, mais que sa modeste douceur ne permettait aux autres ni de craindre ni d'envier.

La guerre d'Italie n'avait pas été longue; mais la paix qui la suivit ne fut pas non plus de longue durée. Une nouvelle guerre (1) vint troubler la France en 1741. Le régiment du roi fit partie de l'armée qu'on envoya en Allemagne et qui pénétra jusqu'en Bohême. On se rappelle tout ce que les troupes françaises eurent à souffrir dans cette honorable et pénible campagne, et surtout dans la fameuse retraite de Prague (2), qui s'exécuta au mois de décembre 1742. Le froid fut excessif. Vauvenargues, naturellement faible, en souffrit plus que les autres. Il rentra en France au commencement de 1743 avec une santé détruite; sa fortune, peu considérable, avait été épuisée par les dépenses de la guerre. Neuf années de service ne lui avaient procuré que le grade de capitaine, et ne lui donnaient aucun espoir d'avancement.

(1) La guerre dite de la *Succession*, après la mort de l'empereur Charles VI, arrivée le 20 octobre 1740. ÉDIT.

(2) Cette célèbre retraite s'exécuta sous la conduite du maréchal de Belle-Isle, qui sortit de Prague dans la nuit du 16 au 17 décembre 1742, et se rendit à Égra le 26. Le maréchal de Saxe avait tenu la même conduite l'année précédente. ÉDIT.

Il se détermina à quitter un état, honorable sans doute pour tous ceux qui s'y livrent, mais où il est difficile de se faire honorer plus que des milliers d'autres, lorsque la faveur ou les circonstances ne font pas sortir un militaire de la foule pour l'élever à quelque commandement.

Vauvenargues avait étudié l'histoire et le droit public ; l'habitude et le goût du travail, et aussi ce sentiment de ses forces que la modestie la plus vraie n'éteint pas dans un esprit supérieur, lui firent croire qu'il pourrait se distinguer dans la carrière des négociations. Il desira d'y entrer, et fit part de son desir à M. de Biron, son colonel, qui, loin de lui promettre son appui, ne lui laissa entrevoir que la difficulté de réussir dans un tel projet. Tout ce qui sort de la route ordinaire des usages effraie ou choque ceux qui, favorisés par ces usages mêmes, n'ont jamais eu besoin de les braver ; et voilà pourquoi les gens de la cour observent d'ordinaire, à l'égard des gens en place, une beaucoup plus grande circonspection que ceux qui, placés dans les rangs inférieurs, ont beaucoup moins à perdre et par cela même peuvent risquer davantage.

Vauvenargues, malheureux par sa santé, par sa fortune et surtout par son inaction, sentait qu'il ne pouvait sortir de cette situation pénible que par une résolution extraordinaire. Les caractères timides en société sont souvent ceux qui prennent le plus volontiers des partis extrêmes dans les affaires embarrassantes; privés des ressources habituelles que donne l'assurance, ils cherchent à y suppléer par l'élan momentané du courage; ils aiment mieux risquer une fois une démarche hasardée que d'avoir tous les jours quelque chose à oser.

Vauvenargues, étranger à la cour, inconnu du ministre dont il aurait pu solliciter la faveur, privé du secours du chef qui aurait pu appuyer sa demande, prit le parti de s'adresser directement au roi, pour lui témoigner le desir de le servir dans les négociations. Dans sa lettre, il rappelait à Sa Majesté que les hommes qui avaient eu le plus de succès dans cette carrière étaient *ceux-là même que la fortune en avait le plus éloignés*. Qui doit en effet, ajoutait-il, servir votre Majesté avec plus de zèle qu'un gentilhomme qui, n'étant pas né à la cour, n'a rien à espérer que de son maître et de ses services?

Vauvenargues avait écrit en même temps à M. Amelot, ministre des affaires étrangères. Ses deux lettres, comme on le conçoit aisément, restèrent sans réponse. Louis XV n'était pas dans l'usage d'accorder des places sans la médiation de son ministre, et le ministre connaissait trop bien les droits de sa place pour favoriser une démarche où l'on croyait pouvoir se passer de son autorité.

Vauvenargues, ayant donné en 1744 la démission de son emploi dans le régiment du roi, écrivit à M. Amelot une lettre que nous croyons devoir transcrire ici.

« Monseigneur,

« Je suis sensiblement touché que la lettre « que j'ai eu l'honneur de vous écrire, et celle « que j'ai pris la liberté de vous adresser pour « le roi, n'aient pu attirer votre attention. Il « n'est pas surprenant, peut-être, qu'un mi- « nistre si occupé ne trouve pas le temps d'exa- « miner de pareilles lettres; mais, Monseigneur, « me permettrez-vous de vous dire que c'est « cette impossibilité morale où se trouve un « gentilhomme, qui n'a que du zèle de parvenir « jusqu'à son maître, qui fait le découragement « que l'on remarque dans la noblesse des pro- « vinces, et qui éteint toute émulation. J'ai « passé, Monseigneur, toute ma jeunesse loin « des distractions du monde, pour tâcher de « me rendre capable des emplois où j'ai cru

« que mon caractère m'appelait; et j'osais pen-
« ser qu'une volonté si laborieuse me mettrait
« du moins au niveau de ceux qui attendent
« toute leur fortune de leurs intrigues et de
« leurs plaisirs. Je suis pénétré, Monseigneur,
« qu'une confiance que j'avais principalement
« fondée sur l'amour de mon devoir, se trouve
« entièrement déçue. Ma santé ne me permet-
« tant plus de continuer mes services à la guerre,
« je viens d'écrire à M. le duc de Biron pour le
« prier de nommer à mon emploi. Je n'ai pu,
« dans une situation si malheureuse, me refuser
« à vous faire connaître mon désespoir. Par-
« donnez-moi, Monseigneur, s'il me dicte quel-
« que expression qui ne soit pas assez mesurée.
« Je suis, etc., etc. »

Cette lettre, que personne peut-être n'eût voulu se charger de présenter au ministre, valut à Vauvenargues une réponse favorable, avec la promesse d'être employé lorsque l'occasion s'en présenterait. Mais un triste incident vint tromper ses espérances. Il était retourné au sein de sa famille pour se livrer en paix aux études qu'exigeait la carrière où il se croyait près d'entrer, lorsqu'il fut atteint d'une petite vérole de l'espèce la plus maligne, qui défigura ses traits, et le laissa dans un état d'infirmité continuelle et sans remède. Ainsi ce jeune homme, plein d'énergie dans le caractère, d'activité dans l'esprit, de générosité dans les sentimens, se vit condamné à perdre dans l'obscurité tant de dons précieux, en attendant qu'une mort douloureuse vînt terminer, à la fleur de son âge, une vie où n'avait jamais brillé un instant de bonheur.

Ce fut alors que, conservant pour toute ressource cette même philosophie qui l'avait dirigé toute sa vie dans la pratique des vertus, il ne trouva de consolation que dans l'étude et l'amour des lettres, qui, dans tous les temps, l'avaient soutenu contre toutes les contrariétés qu'il avoit éprouvées. Il s'occupa à revoir et à mettre en ordre les réflexions et les petits écrits qu'il avait jetés sur le papier dans les loisirs d'une vie si agitée; il publia, en 1746, son *Introduction à la connaissance de l'esprit humain*, ouvrage qui étonna ceux qui étaient en état de l'apprécier, et qui doit faire regretter ce qu'on aurait pu attendre de l'auteur, si une mort prématurée ne l'avait pas enlevé à la gloire que son génie semblait lui promettre.

J'ai dit que Vauvenargues avait eu une éducation fort négligée. Privé des secours qu'il aurait pu trouver dans l'étude des grands écrivains de l'antiquité, toute sa littérature se bornait à la connaissance des bons auteurs français. Mais la nature lui avait donné un esprit pénétrant, un sens droit, une ame élevée et sensible. Ces qualités sont bien supérieures aux connaissances pour former le goût; et peut-être même que le défaut d'instruction, en laissant à son excellent esprit plus de liberté dans ses développemens, a-t-il contribué à donner à ses écrits ce caractère d'originalité et de vérité qui les distingue.

L'étude des grands modèles de l'antiquité est d'une ressource infinie pour les hommes qui cultivent la littérature; elle sert à étendre l'esprit, à diriger le goût, à féconder le talent; mais elle n'est pas aussi nécessaire à celui qui se livre à l'étude de la morale et de la philosophie; il a plus besoin d'étudier le monde que les livres, et de chercher la vérité dans ses propres observations que dans celles des autres.

Un esprit droit et vigoureux, réduit à ses seules forces, est obligé de se rendre raison de tout à lui-même, parce qu'on ne lui a rendu raison de rien; il trouve en lui ce qu'il n'aurait point trouvé au dehors, et va plus loin qu'on ne l'aurait conduit. S'il se soustrait par ignorance aux autorités qui auraient pu éclairer son jugement, il échappe également aux autorités usurpées qui auraient pu l'égarer. Rien ne le gêne dans la route de la vérité; et s'il arrive jusqu'à elle, c'est par des sentiers qu'il s'est tracés lui-même : il n'a marché sur les pas de personne.

Ces réflexions pourraient s'appuyer de beaucoup d'exemples. Aristote et Platon n'avaient pas eu plus de modèle qu'Homère. Virgile aurait été peut-être plus grand poëte s'il n'avait pas eu sans cesse Homère devant les yeux; car il n'est véritablement grand que par le charme du style, où il ne ressemble point à Homère.

Corneille créa la tragédie française avant d'avoir cherché dans Aristote les règles de l'art dramatique. Pascal avait peu lu, ainsi que Malebranche; tous les deux méprisaient l'érudition. Buffon, occupé de ses plaisirs jusqu'à l'âge de trente-cinq ans, trouva dans la force naturelle de son esprit le secret de ce style brillant et pittoresque dont il a embelli les tableaux de la nature. L'ignorance qui tue d'inanition les esprits faibles, devient pour les esprits supérieurs un stimulant, qui les contraint à employer toutes leurs forces.

On doit croire cependant que si Vauvenargues avait poussé plus loin sa carrière, il aurait senti la nécessité d'une instruction plus étendue pour agrandir la sphère de ses idées. Il aurait voulu porter sa vue sur un plus grand horizon, et il n'en eût que mieux jugé des objets après s'être habitué à ne voir que par lui-même.

Une partie de nos erreurs vient sans doute du défaut de lumières; une plus grande partie vient des fausses lumières qu'on nous présente. Celui qui se borne aux erreurs de son propre esprit s'épargne au moins la moitié de celles qui pourraient l'égarer. *Les sots*, dit Vauvenargues, *n'ont pas d'erreurs en leur propre et privé nom*. Vauvenargues lui-même n'en est pas exempt sans doute; mais ses erreurs sont bien à lui; celles qu'on peut lui reprocher tiennent, comme celles de tous les bons esprits, à une vue incomplète de l'objet et à la précipitation du jugement. Il ne doit aussi qu'à lui un grand nombre de vérités qu'il a puisées dans une ame supérieure aux illusions de la vanité comme aux subterfuges des faiblesses, et dans un esprit indépendant des préjugés établis par la mode, ainsi que des opinions accréditées par des noms imposans.

En 1743, peu de temps après son retour de Bohême, Vauvenargues entra en correspondance avec Voltaire, qui était alors dans tout l'éclat de sa renommée, disputant la gloire à la jalousie et à la malignité, éclipsant ses rivaux par la supériorité et la variété de ses talens, et conquérant l'empire littéraire à force de victoires.

Tous ceux qui aimaient et cultivaient les lettres, les jeunes gens surtout, le regardaient comme l'arbitre du goût et le dispensateur de la réputation ; ils ambitionnaient son suffrage, lui adressaient leurs écrits, et regardaient une réponse de lui comme un encouragement, et un éloge, qui n'était d'ordinaire qu'un compliment, comme un brevet d'honneur. On ignore d'ailleurs les circonstances qui occasionèrent le commerce de lettres qui s'établit entre Voltaire et Vauvenargues avant qu'ils se fussent rencontrés.

La comparaison du mérite de Corneille et de Racine forme le sujet de la première lettre de Vauvenargues à Voltaire. Celui-ci, toujours flatté des hommages que lui attirait sa célébrité, négligeait rarement de les payer par des témoignages d'estime et de bienveillance. Mais il ne se contenta pas de répondre à la confiance de Vauvenargues par des phrases obligeantes ; il se plut à y joindre des conseils utiles, en modérant l'excès du zèle qui portait ce jeune militaire à rabaisser Corneille pour élever Racine et le venger des préventions injustes de quelques vieux partisans du père du théâtre. Il est assez curieux de voir, dans cette correspondance, Voltaire, admirateur non moins passionné de Racine que Vauvenargues, défendre en même temps, contre des critiques fausses ou exagérées, le génie de ce même Corneille, dont on l'a depuis accusé, avec si peu de raison, d'être le détracteur jaloux et le censeur injuste.

On voit que Vauvenargues, éclairé par le goût de Voltaire, rectifia ses premières idées sur Corneille. Les opinions qu'il avait exposées dans sa première lettre, se retrouvent avec quelques adoucissemens dans le chapitre de ses OEuvres, intitulé : *Corneille et Racine*. L'analyse qu'il y fait du caractère propre des tragédies de Racine et de l'inimitable perfection de son style, a été le type des jugemens qu'en ont portés depuis les critiques les plus éclairés, et a servi comme de signal à la justice universelle qu'on a rendue dès-lors à l'auteur de *Phèdre* et d'*Athalie*. On peut dire que ce sont Voltaire et Vauvenargues qui ont fixé les premiers le rang que ce grand poëte a pris dans l'opinion, et qu'il conservera sans doute dans la postérité.

Quant à Corneille, Vauvenargues ne put jamais se résoudre à rendre à ce puissant génie la justice qu'il méritait; mais le jugement qu'il en portait, tenait plus à son caractère qu'à son goût. Moins touché de la peinture des vertus sévères et des sentimens exaltés, peu conformes à la douceur de son ame, que choqué du faste qui s'y mêle quelquefois et qui blessait la simplicité et la modestie de son caractère, il ne pouvait pas s'élever à cette admiration passionnée qui transporte les ames capables de s'en pénétrer, et leur donne souvent des émotions plus délicieuses que la peinture des affections plus douces et plus tendres. Les raisonnemens de Voltaire ne purent entièrement changer ses idées à cet égard. Trop modeste pour ne pas céder quelquefois au jugement d'un homme dont le goût naturellement exquis était encore perfectionné par des études approfondies de l'art, il avait en même temps l'esprit trop indépendant pour admirer sur parole des beautés dont il n'avait pas le sentiment.

Ses fragmens sur *Bossuet et Fénélon* sont remarquables, non-seulement par la justesse avec laquelle il a saisi le caractère propre de leur talent, mais encore par l'art avec lequel il a su prendre le style de l'un et de l'autre, en parlant de chacun d'eux. Ne croit-on pas lire une page de *Télémaque*, en lisant cette apostrophe à Fénélon : « Né pour cultiver la sagesse et l'huma-
« nité dans les rois, ta voix ingénue fit retentir
« au pied du trône les calamités du genre hu-
« main foulé par les tyrans, et défendit contre

« les artifices de la flatterie la cause abandonnée « des peuples. Quelle bonté de cœur ! quelle sin- « cérité se remarque dans tes écrits ! quel éclat « de paroles et d'images ! Qui sema jamais tant « de fleurs dans un style si naturel, si mélodieux « et si tendre ? Qui orna jamais la raison d'une « si touchante parure ? Ah ! que de trésors d'a- « bondance dans ta riche simplicité ! »

Vauvernagues, dans ces fragmens, défend Fénélon contre Voltaire, qui admirait médiocrement *sa belle prose, encore qu'un peu traînante;* comme il défendit contre lui La Fontaine et Pascal. Voltaire était moins touché d'une tournure naïve que d'une pensée brillante, et il aurait mieux aimé qu'un homme aussi dévot que Pascal ne fût pas un homme de génie. Malgré l'admiration et l'attachement qu'il avait voués à Voltaire, Vauvenargues ne craignait pas de le contredire, et dans le brillant portrait qu'il fait de ses talens et de ses ouvrages, il ne dissimule pas les défauts qu'il y remarque.

Boileau et La Bruyère sont appréciés par Vauvenargues avec autant de finesse que de goût; mais il n'a pas senti également le mérite de Molière, et l'on ne doit pas s'en étonner. Indulgent et sérieux, il était peu frappé du ridicule, et il avait trop réfléchi sur les faiblesses humaines, pour qu'elles pussent lui causer beaucoup de surprises. Les caractères qu'il a essayé de tracer dans le genre de La Bruyère, sont saisis avec finesse, dessinés avec vérité, mais non avec l'énergie et la vivacité de couleurs qu'on admire dans son modèle. On voit qu'en observant les caractères, les passions, les ridicules des hommes, il apercevait moins l'effet qui en résulte pour la société, que la combinaison des causes qui les produisent; accoutumé à rechercher les rapports qui les expliquent, plutôt que les contrastes qui les font ressortir, il était trop occupé de ce qui les rend naturels pour être ému de ce qui les rend plaisans. Pascal, celui de nos moralistes qui a le plus profondément pénétré dans les misères des hommes, n'a ni ri, ni fait rire à leurs dépens. C'est une étude sérieuse que celle de l'homme considéré en lui-même. Les faiblesses, qui dans certaines circonstances peuvent le rendre ridicule, méritent bien aussi d'être observées avec attention : les effets les plus graves peuvent en résulter.

« Ne vous étonnez pas, dit Pascal, si cet « homme ne raisonne pas bien à présent ; une « mouche bourdonne à son oreille, et c'est assez « pour le rendre incapable de bon conseil. Si « vous voulez qu'il puisse trouver la vérité,

« chassez cet animal qui tient sa raison en « échec, et trouble cette puissante intelligence « qui gouverne les cités et les royaumes. »

La plupart de nos écrivains moralistes n'ont examiné l'homme que sous une certaine face. La Rochefoucauld, en démêlant jusque dans les replis les plus cachés du cœur humain, les ruses de l'intérêt personnel, a voulu surtout les mettre en contraste avec les motifs imposans sous lesquels elles se déguisent. La Bruyère, avec des vues moins approfondies peut-être, mais plus étendues et plus précises, *a peint de l'homme*, a dit un excellent observateur (1), *l'effet qu'il produit dans le monde; Montaigne, les impressions qu'il en reçoit, et Vauvenargues les dispositions qu'il y porte* (2); et c'est en cela que Vauvenargues se rapproche surtout de Pascal. Mais la différence du caractère et de la destination de ces deux profonds écrivains en a mis une bien grande dans le but de leurs méditations et dans le résultat de leurs maximes. Pascal, voué à la solitude, a examiné les hommes sans chercher à en tirer parti, et comme des instrumens qui ne sont plus à son usage; il a pénétré, aussi avant peut-être qu'on puisse le

(1) Mlle. Pauline de Meulan, aujourd'hui Mme. Guizot.

(2) Mélanges de littérature de Suard, t. 1. p. 309. Paris, 1803.

faire, dans la profondeur des faiblesses et des misères humaines ; mais il en a cherché le principe dans les dogmes de la religion, non dans la nature de l'homme ; et ne considérant leur existence ici-bas que comme un passage d'un instant à une existence éternelle de bonheur ou de malheur, il n'a travaillé qu'à nous détacher de nous-mêmes par le spectacle de nos infirmités, pour tourner toutes nos pensées et tous nos sentimens vers cette vie éternelle, seule digne de nous occuper. Vauvenargues, au contraire, a eu pour but de nous élever au-dessus des faiblesses de notre nature par des considérations tirées de notre nature même et de nos rapports avec nos semblables. Destiné à vivre dans le monde, ses réflexions ont pour objet d'enseigner à connaître les hommes pour en tirer le meilleur parti dans la société. Il leur montre leurs faiblesses pour leur apprendre à excuser celles des autres. « Je crois, a dit Voltaire (1), que les pensées « de ce jeune militaire seraient aussi utiles à un « homme du monde fait pour la société, que celles « du héros de Port-Royal pouvaient l'être à un « solitaire qui ne cherche que de nouvelles rai- « sons pour haïr et mépriser le genre humain. »

Vraisemblablement un peu d'humeur contre

(1) *Voyez* la note inédite de Voltaire, à la p. LII.

Pascal s'est mêlée à son amitié pour Vauvenargues, quand il a écrit ce jugement, peut-être exagéré, mais non dépourvu de vérité sous certains rapports. Pascal semble un être d'une autre nature, qui observe les hommes du haut de son génie, et les considère d'une manière générale qui apprend plus à les connaître qu'à les conduire. Vauvenargues, plus près d'eux par ses sentimens, en les instruisant par des maximes, cherche à les diriger par des applications particulières. Pascal éclaire la route, Vauvenargues indique le sentier qu'il faut suivre ; les maximes de Pascal sont plus en observations, celles de Vauvenargues plus en préceptes.

« C'est une erreur dans les grands, dit-il, de « croire qu'ils peuvent prodiguer sans consé- « quence leurs paroles et leurs promesses. Les « hommes souffrent avec peine qu'on leur ôte ce « qu'ils se sont en quelque sorte approprié par « l'espérance. »

« Le fruit du travail est le plus doux plaisir. »

« Il faut permettre aux hommes d'être un peu « inconséquens, afin qu'ils puissent retourner « à la raison quand ils l'ont quittée, et à la « vertu quand ils l'ont trahie. »

« La plus fausse de toutes les philosophies est « celle qui, sous prétexte d'affranchir les hommes

« des embarras des passions, leur conseille l'oi-
« siveté. »

On a observé que le sentiment encourageant qui a dicté la doctrine de Vauvenargues, et la manière en quelque sorte paternelle dont il la présente, semblent le rapprocher beaucoup plus des philosophes anciens que des modernes. La Rochefoucauld humilie l'homme par une fausse théorie ; Pascal l'afflige et l'effraie du tableau de ses misères ; La Bruyère l'amuse de ses propres travers ; Vauvenargues le console et lui apprend à s'estimer.

Un écrivain anonyme qui a publié (1) un jugement sur Vauvenargues, plein de finesse et de justesse, et dont j'ai déjà emprunté quelques idées, me fournira encore un passage qui vient à l'appui de mes observations. « Presque tous
« les anciens, dit-il, ont écrit sur la morale ;
« mais chez eux elle est toujours en préceptes,
« en sentences concernant les devoirs des
« hommes, plutôt qu'en observations sur leurs
« vices ; ils s'attachent à rassembler des exemples
« de vertus, plutôt qu'à tracer des caractères
« odieux ou ridicules. On peut remarquer la
« même chose dans les écrits des sages indiens,

(1) Mme. Guizot, dans ses Essais de littérature et de morale, p. 53 ; et dans les Mélanges de littérature de Suard, t. 1, p. 301.

« et en général des philosophes de tous les pays où « la philosophie a été chargée d'enseigner aux « hommes les devoirs de la morale usuelle. « Parmi nous, la religion chrétienne se char- « geant de cette fonction respectable, la philo- « sophie a dû changer le but de ses études, son « application et son langage ; elle n'avait plus « à nous instruire de nos devoirs, mais elle « pouvait nous éclairer sur ce qui en rendait « la pratique plus difficile. Les premiers philo- « sophes étaient les précepteurs du genre hu- « main ; ceux-ci en ont été les censeurs ; ils se « sont appliqués à démêler nos faiblesses au lieu « de diriger nos passions ; ils ont surveillé, épié « tous nos mouvemens ; ils ont porté la lumière « partout ; par eux toute illusion a été détruite ; « mais Vauvenargues en avait conservé une, « c'était l'amour de la gloire. »

Mais l'homme est-il donc si mauvais ou si bon qu'il n'y ait en lui que des sentimens dangereux à détruire, ou qu'il n'y en ait pas d'utiles à lui inspirer ? Tant de force, perdue quelquefois à surmonter les passions, ne serait-elle pas mieux employée à diriger les passions vers un but salutaire ? Vauvenargues pensait comme Sénèque qu'*apprendre la vertu c'est désapprendre le vice.* Jeune, sensible, plein d'énergie, d'élévation, d'ardeur pour tout ce qui est beau et bon, il a porté toute la chaleur de son ame dans des recherches philosophiques, où d'autres n'ont porté que les lumières de leur esprit, blessés par le spectacle du mal et trop aisément découragés par l'expérience. *Les conseils des vieillards,* dit-il quelque part, *sont comme le soleil d'hiver, ils éclairent sans échauffer.*

Vauvenargues, voyant arriver le terme de sa vie, et privé de tout ce qui aurait pu embellir cette vie qu'il avait consacrée à la vertu, n'écrivait que pour faire sentir le charme et les avantages de la vertu.

« L'utilité de la vertu, dit-il, est si manifeste « que les méchans la pratiquent par intérêt. »

« Rien n'est si utile que la réputation, et rien ne « donne la réputation si sûrement que le mérite. »

« Si la gloire peut nous tromper, le mérite « ne peut le faire; et s'il n'aide à notre fortune, « il soutient notre adversité. Mais pourquoi sé- « parer des choses que la raison même a unies? « Pourquoi distinguer la vraie gloire du mérite, « qui en est la source et dont elle est la preuve. »

Et celui qui écrivait ces réflexions n'avait pu, avec un mérite si rare, parvenir à la fortune, ni même à la gloire qui l'eût consolé de tout. Mais séparant, pour ainsi dire, sa cause de la considération générale de l'humanité, il ne croyait pas que sa destinée particulière fût d'un poids digne d'être mis dans la balance où il pesait les biens et les maux de la condition humaine.

Ceux qui l'ont connu rendent témoignage de cette paix constante, de cette indulgente bonté, de cette justice de cœur et de cette justesse d'esprit, qui formèrent son caractère, et que n'altérèrent jamais ses continuelles souffrances. *Je l'ai toujours vu*, dit Voltaire (1), *le plus infortuné des hommes et le plus tranquille.*

C'était à Paris, où il passa les trois dernières années de sa vie, qu'il s'était lié avec Voltaire de cette affection tendre et profonde qui en fit la plus douce consolation. Voltaire, âgé alors de plus de cinquante ans, environné des hommages de l'Europe entière qu'il remplissait de son nom, éprouvait, pour ce jeune mourant, une amitié mêlée de respect.

Marmontel, qui dut à Voltaire la connaissance de Vauvenargues, donne une idée intéressante du charme de son commerce et de ses entretiens. « En le lisant, dit Marmontel (2), je crois en-« core l'entendre; et je ne sais si sa conversa-« tion n'avait pas même quelque chose de plus

(1) *Éloge funèbre des officiers morts dans la guerre de* 1741.

(2) Lettre de Marmontel à Mme. d'Espagnac.

« animé, de plus délicat que ses divins écrits. »

Il écrit ailleurs (1) : « Vauvenargues connaissait « le monde et ne le méprisait point. Ami des « hommes, il mettait le vice au rang des mal- « heurs, et la pitié tenait dans son cœur la « place de l'indignation et de la haine. Jamais « l'art et la politique n'ont eu sur les esprits au- « tant d'empire que lui en donnaient la bonté de « son naturel et la douceur de son éloquence. Il « avait toujours raison et personne n'en était hu- « milié. L'affabilité de l'ami faisait aimer en lui « la supériorité du maître.

L'indulgente vertu nous parlait par sa bouche.

« Doux, sensible, compatissant, il tenait nos « ames dans ses mains. Une sérénité inaltérable « dérobait ses douleurs aux yeux de l'amitié. Pour « soutenir l'adversité, on n'avait besoin que de « son exemple; et témoin de l'égalité de son « ame, on n'osait être malheureux avec lui. »

Ce n'était point là le spectacle que Sénèque regarde comme digne des regards de la Divinité : *L'homme de bien luttant contre le malheur.* Vauvenargues n'avait point à lutter : son ame était plus forte que le mal.

Ce n'était que par un excès de vertu, dit Voltaire, que Vauvenargues n'était point malheu-

(1) Note à l'*Épître dédicatoire* de Denis-le-Tyran.

reux; parce que cette vertu ne lui coûtait point d'effort. Un sentiment vif et profond des joies que donne la vertu le soutenait et le consolait ; et il ne concevait pas qu'on pût se plaindre d'être réduit à de tels plaisirs.

« On ne peut être dupe de la vertu, écrivait-« il; ceux qui l'aiment sincèrement y goûtent un « secret plaisir et souffrent à s'en détourner. « Quoi qu'on fasse aussi pour la gloire, jamais « ce travail n'est perdu s'il tend à nous en ren-« dre digne. » Cette réflexion révèle le secret de toute sa vie.

Un sentiment de lui-même, aussi noble que modeste, a pu dicter cette autre pensée : « On doit « se consoler de n'avoir pas les grands talens « comme on se console de n'avoir pas les grandes « places. On peut être au-dessus de l'un et de « l'autre par le cœur. »

Avec une élévation d'ame si naturelle et en même temps une raison si supérieure, Vauvenargues devait être bien éloigné de goûter un certain scepticisme d'opinion, qui commençait à se répandre de son temps, que les imaginations exaltées prenaient pour de l'indépendance, et qui ne prouvait, dans ceux qui le professaient, que l'ignorance des véritables routes qui conduisent à la vérité. Il réprouvait « Ces maximes

« qui, nous présentant toutes choses comme in-
« certaines, nous laissent les maîtres absolus de
« nos actions; ces maximes qui anéantissent le
« mérite de la vertu, et n'admettant parmi les
« hommes que des apparences, égalent le bien
« et le mal; ces maximes qui avilissent la gloire
« comme la plus insensée des vanités; qui jus-
« tifient l'intérêt, la bassesse et une brutale in-
« dolence. »

Comment Vauvenargues, s'écrie Voltaire, avait-il pris un essor si haut dans le siècle des petitesses? Je répondrai: C'est que Vauvenargues, en profitant des lumières de son siècle, n'en avait point adopté l'esprit, cet *esprit du monde*, si vain dans son fonds, dit-il lui-même, par lequel il reproche à de grands écrivains de s'être laissé corrompre en sacrifiant au désir de plaire et à une vaine popularité la rectitude de leur jugement et la conscience même de leurs opinions. Vauvenargues put apprendre par sa propre expérience combien cette complaisance qu'il blâme est souvent nécessaire au succès des meilleurs ouvrages. L'*Introduction à la connaissance de l'esprit humain* parut en 1746, et n'eut qu'un succès obscur. Un ouvrage sérieux, quelque mérite qui le recommande, s'il paraît sans nom d'auteur, s'il n'est annoncé par aucun parti, ni favorisé par aucune circonstance particulière, ne peût attirer que faiblement l'attention publique.

Des hommes qui ont vécu dans le monde, vu la cour, occupé des places importantes, obtenu quelque considération, imaginent difficilement qu'en morale et en philosophie pratique, ils puissent jamais avoir besoin d'apprendre quelque chose. Cette partie des connaissances humaines devient pour eux un objet de spéculation, un amusement de l'esprit qui ne leur paraît digne d'occuper leur esprit qu'autant qu'elle leur offre quelques idées un peu singulières, qu'ils puissent trouver leur compte à attaquer ou à défendre. On conçoit qu'un ouvrage de littérature obtienne, en paraissant, un succès à peu près général ; mais un ouvrage de morale ou de philosophie ne peut faire d'abord qu'une faible sensation ; il faut que les idées nouvelles qu'il renferme captivent assez l'attention pour lui susciter des adversaires et des défenseurs, et que l'esprit de parti vienne à l'appui du raisonnement pour fixer l'opinion sur le mérite de l'auteur et de l'ouvrage. Autrement il sera lu, estimé et loué par quelques bons esprits ; mais ce n'est que par une communication lente et presque insensible que l'opinion des bons esprits devient celle du public. Tous les hommes éclairés qui ont parlé de Vauvenargues, l'ont regardé comme un esprit d'un ordre supérieur, observateur profond et écrivain éloquent, qui avait observé la nature sous de nouvelles faces et donné à la morale un caractère plus touchant qu'on ne l'avait fait encore. Ils furent frappés surtout de cet amour si pur de la vertu qui se reproduit sous toutes sortes de formes dans ses ouvrages, et qui en dicte tous les résultats. La gloire et la vertu, voilà les deux grands mobiles qu'il propose à l'homme pour élever ses pensées et diriger ses actions, les deux sources de son bonheur, qu'il regarde comme inséparables.

Vauvenargues ne concevait pas que le vice pût jamais être bon à quelque chose; contre l'opinion de quelques écrivains qui pensent qu'il y a des vices attachés à la nature, et par cette raison inévitables; des vices, s'ils osaient le dire, nécessaires et presque innocens.

« On a demandé si la plupart des vices ne « concourent pas au bien public, comme les plus « pures vertus. Qui ferait fleurir le commerce « sans la vanité, l'avarice, etc.? Mais si nous « n'avions pas de vices, nous n'aurions pas ces « passions à satisfaire, et nous ferions par devoir « ce qu'on fait par ambition, par orgueil, par « avarice. Il est donc ridicule de ne pas sentir

« que le vice seul nous empêche d'être heureux « par la vertu.... et lorsque les vices vont au « bien, c'est qu'ils sont mêlés de quelques « vertus, de patience, de tempérance, de cou- « rage. »

« Le vice n'obtient point d'hommage réel. Si « Cromwel n'eût été prudent, ferme, laborieux, « libéral, autant qu'il était ambitieux et re- « muant, ni sa gloire ni sa fortune n'auraient « couronné ses projets ; car ce n'est pas à ses « défauts que les hommes se sont rendus, mais à « la supériorité de son génie. »

« Il faut de la sincérité et de la droiture, « même pour séduire. Ceux qui ont abusé les « peuples sur quelque intérêt général, étaient « fidèles aux particuliers. Leur habileté con- « sistait à captiver les esprits par des avantages « réels.... Aussi les grands orateurs, s'il m'est « permis de joindre ces deux choses, ne s'ef- « forcent pas d'imposer par un tissu de flatteries « et d'impostures, par une dissimulation conti- « nuelle et par un langage purement ingénieux. « S'ils cherchent à faire illusion sur quelque « point principal, ce n'est qu'à force de sincérité « et de vérités de détail; car le mensonge est « faible par lui-même. »

Les arts du style, les mouvemens même de

l'éloquence ne valent pas ce ton simple d'une raison puissante, vouée à la défense des plus nobles sentimens. Mais la supériorité même de raison, soutenue par cette persuasion intime qui ajoute une force invincible à la raison, donne au style de Vauvenargues un charme pénétrant auquel n'atteindront jamais ceux qui cherchent à *en imposer par un langage purement ingénieux*.

« La clarté orne les pensées profondes. »

Cette maxime de Vauvenargues paraît être le résultat de ses sentimens comme de ses observations. Dans la plupart de ses pensées la force de l'expression tient à celle de la vérité. Le philosophe a frappé si juste au but que, pour donner à son idée le plus grand effet, il lui suffit de la faire bien comprendre. Qu'on me permette d'en citer plusieurs de ce genre. L'exemple est toujours plus frappant que la réflexion.

« Nous querellons les malheureux pour nous
« dispenser de les plaindre. »

« La magnanimité ne doit pas compte à la pru-
« dence de ses motifs. »

« Nos actions ne sont ni aussi bonnes ni aussi
« mauvaises que nos volontés. »

« Il n'y a rien que la crainte ou l'espérance ne
« persuade aux hommes. »

« La servitude avilit l'homme au point de s'en « faire aimer. »

Dans les écrits où notre philosophe donne à ses réflexions plus de développemens, on retrouve encore ce même caractère de style, naturel dans l'expression, fort seulement par les combinaisons de la pensée, vif de raisonnement, touchant de conviction, animé moins par les images qui, comme le dit Vauvenargues lui-même, embellissent la raison, que par le sentiment qui la persuade ; et ce sentiment, trop énergique en lui pour se perdre en déclamation, trop vrai pour se déguiser par l'emphase, se manifeste souvent par des tours hardis, rapides, inusités, que la vraie éloquence ne cherche pas, mais qu'elle laisse échapper, et qui ne sont même éloquens que parce qu'ils échappent à une ame profondément pénétrée de son objet.

Quoique l'imagination ne soit pas le caractère dominant du style de Vauvenargues, elle s'y montre de temps en temps, et toujours sous des formes aimables et riantes. Son esprit était sérieux, mais son ame était jeune ; c'était comme on aime à vingt ans qu'il aimait la bonté, la gloire, la vertu ; et son imagination sensible aux beautés de la nature en prêtait à ses objets chéris les plus douces et les plus vives couleurs. L'éclat de la jeunesse se peint à ses yeux dans les jours brillans de l'été ; *la grâce des premiers jours du printemps* est l'image sous laquelle se présente à lui *une vertu naissante*.

« Les feux de l'aurore, selon lui, ne sont pas « si doux que les premiers regards de la gloire. »

Il dit ailleurs : « Les regards affables ornent le « visage des rois. » Cette image rappelle un vers de la *Jérusalem* du Tasse; c'est lorsque le poète peint l'ange Gabriel revêtant une forme humaine pour se montrer à Godefroi :

Tra giovane e fanciullo età confine
Prese, ed ornò di raggi il biondo crine.

« Il prit les traits de l'âge qui sépare la jeunesse de l'enfance, « et orna de rayons sa blonde chevelure. »

Quelquefois aussi, malgré la pente sérieuse des idées de Vauvenargues, ses tournures prennent, par les rapprochemens que fait son esprit, une originalité piquante.

« Le sot est comme le peuple, il se croit riche « de peu. »

« Ceux qui combattent les préjugés du peuple « croient n'être pas peuple. Un homme qui avait « fait à Rome un argument contre les poulets « sacrés, se regardait peut-être comme un phi- « losophe. »

Cette observation trouverait bien des applications dans les temps modernes. Nous avons vu beaucoup de philosophes de cette force. J'ai connu un abbé de La Chapelle, bon géomètre, et qui avait été jusqu'à quarante ans très-bon chrétien : « Je n'avais jamais réfléchi sur la reli-« gion, disait-il un jour à d'Alembert ; mais j'ai « lu la *Lettre de Thrasybule* et le *Testament de* « *Jean Meslier ;* cela m'a fait faire des réflexions, « et je me suis fait esprit-fort. ».

Après avoir fait remarquer les qualités intéressantes qui distinguent le style de Vauvenargues, nous devons convenir que ces qualités sont quelquefois ternies par des termes impropres et plus souvent par des tournures incorrectes. Il n'avait aucun principe de grammaire ; il écrivait pour ainsi dire d'instinct, et ne devait son talent qu'à un goût naturel, formé par la lecture réfléchie de nos bons écrivains.

Vauvenargues, après avoir langui plusieurs années dans un état de souffrance sans remède, qu'il supportait sans se plaindre, voyait sa fin prochaine comme inévitable ; il en parlait peu, et s'y préparait sans aucune apparence d'inquiétude et d'effroi. Il mourut en 1747, entouré de quelques amis, distingués par leur esprit et leur caractère, qui n'avaient pas cessé de lui donner des preuves du plus tendre dévouement.

Il les étonnait autant par le calme inaltérable de son ame que par les ressources inépuisables de son esprit, et souvent par l'éloquence naturelle de ses discours.

Cette sérénité d'ame qu'il montra jusqu'à ses derniers momens, il ne la dut qu'à la fermeté de caractère dont la nature l'avait doué, et à la philosophie qu'il s'était faite. Il n'était point soutenu par les puissantes consolations que la religion offre à l'homme qui souffre, et par les espérances qui lui montrent, dans un avenir sans terme, un dédommagement aux maux de cette existence éphémère. Vauvenargues n'avait pas le bonheur d'être persuadé des dogmes chrétiens; mais il avait l'intime conviction qu'il existait un Dieu infiniment bon, qui ne pouvait vouloir que le bonheur des êtres qu'il avait créés sensibles, et qui ne pouvait pas punir les faiblesses attachées à leur nature (1). *O mon Dieu!* s'écriait-il quelques heures avant d'ex-

(1) Je tiens presque tous les détails que je rapporte ici d'un homme de lettres peu connu, nommé Bauvin, professeur à l'école militaire, et l'ami de Marmontel, qui parle de lui dans ses Mémoires; c'était un homme sage, qui n'avait pas quitté Vauvenargues jusqu'à sa mort; il l'aimait avec passion, et n'en parlait jamais sans attendrissement. Je me suis entretenu souvent avec Marmontel de Vauvenargues, et il avait la même opinion que Bauvin des sentimens religieux de leur ami commun.

pirer, *je crois ne t'avoir jamais offensé, et je vais avec la confiance d'un cœur sincère retomber dans le sein de celui qui m'a donné la vie.*

Mais du moins Vauvenargues ne joignait pas au malheur de l'incrédulité la sottise de s'en glorifier ; il parlait très-peu de religion, qu'il regardait comme une affaire de sentiment plus que de raisonnement. Il croyait surtout que c'était un sujet trop grave pour qu'on pût se permettre d'en parler légèrement, et il répondait toujours sérieusement aux plaisanteries que Voltaire ne pouvait se refuser dans la conversation. Il désapprouvait hautement les écrits qui atta-

M. d'Argental, qui en parlait avec plus de connaissance encore, m'a raconté l'anecdote suivante. On avait pressé Vauvenargues de recevoir son curé, qui s'était présenté plusieurs fois pour le voir. Le malade s'y refusait. On parvint cependant à introduire dans sa chambre un théologien pieux et éclairé, que le curé avait choisi comme en état de faire impression sur l'esprit d'un philosophe égaré, mais de bonne foi. Après une courte conférence entre le prêtre et le mourant, M. d'Argental entra dans la chambre, et dit à son ami : « Eh bien! vous avez vu le bon ec-« clésiastique qu'on vous a envoyé ? » — Oui, dit Vauvenargues,

Cet esclave est venu,
Il a montré son ordre, et n'a rien obtenu.

Quoique ce dernier trait contrarie l'idée que j'ai voulu donner de la sage circonspection de Vauvenargues, je n'ai pas cru devoir taire un fait qui a déjà été cité, mais inexactement, et je rapporte avec une scrupuleuse fidélité ce que m'ont dit des hommes dignes de foi.

quaient directement la religion établie. A l'exemple des meilleurs esprits, même parmi les incrédules, il regardait les préceptes religieux inculqués dans l'enfance, comme un frein plus puissant que les lois mêmes pour contenir les passions du peuple. Il pensait qu'aucun système de morale purement spéculative ne pouvait servir à diriger la conduite de cette classe nombreuse, à qui la nécessité d'un travail continuel et pénible ne laisse ni le temps de réfléchir ni les moyens de s'intruire. Il croyait en même temps que c'était servir la morale publique et la religion même, que d'attaquer les absurdités de la superstition et les crimes de l'intolérance.

Il était surtout blessé du ton dogmatique et tranchant dont quelques esprits forts prononçaient sur des questions qui lui paraissaient essentiellement enveloppées de ténèbres que toutes les lumières de la raison ne pouvaient dissiper. Ce sentiment lui a dicté sans doute la maxime suivante : « L'intrépidité d'un homme incré« dule, mais mourant, ne peut le garantir « de quelque trouble, s'il raisonne ainsi : Je « me suis trompé mille fois sur mes plus pal« pables intérêts, et j'ai pu me tromper encore « sur la religion. Or, je n'ai plus le temps ni la « force de l'approfondir, et je meurs. »

Ceux qui ne connaissent Vauvenargues que par ses écrits, auront peut-être de la peine à regarder comme un incrédule celui qui a écrit plusieurs de ses pensées qui sont dans l'esprit de la religion, et surtout sa *Méditation sur la Foi*, qui porte le caractère d'un sentiment de piété profonde. La *Prière* qui termine cette *Méditation*, est écrite d'un ton véritablement éloquent. Mais les amis de Vauvenargues ne regardaient ces deux morceaux que comme un jeu d'esprit. On sait qu'il se plaisait à imiter les styles divers des grands écrivains ; et l'on en peut voir plusieurs exemples dans ses ouvrages. On y trouve un morceau qui a pour titre : *Imitation de Pascal ;* et la *Méditation sur la Foi* est évidemment écrite dans la manière du philosophe de Port-Royal.

Il prétendait aussi que des vers de différentes mesures non rimés, répandus avec goût dans un écrit en prose et de peu d'étendue, pouvaient y donner du nombre et de l'harmonie, pourvu que l'artifice ne fût pas trop sensible, et que le fond des idées comportât un ton élevé et soutenu. La *Prière à la Trinité* est écrite tout entière en vers irréguliers, dont l'effet est très-heureux (1).

(1) Pour en juger, il suffit de détacher, comme des vers, les

On trouvera peut-être que je me suis trop étendu sur les détails de la vie d'un homme qui a été peu connu, et dont les écrits n'ont pas atteint au degré de réputation qu'ils obtiendront sans doute un jour; mais c'est pour cela même qu'il m'a paru important d'attirer plus particulièrement l'attention du public sur un mérite méconnu et sur des talens mal appréciés. Je

différens membres des phrases dont le rhythme est très-régulier. Voyez le commencement de la prière :

> O Dieu! qu'ai-je fait? quelle offense
> Arme votre bras contre moi?
> Quelle malheureuse faiblesse
> M'attire votre indignation?
> Vous versez dans mon cœur malade
> Le fiel et l'ennui qui le rongent.
> Vous séchez l'espérance au fond de ma pensée;
> Vous noyez ma vie d'amertume.
> Les plaisirs, la santé, la jeunesse m'échappent.
> ....
> J'ai laissé tomber un regard
> Sur les dons enchanteurs du monde,
> Et soudain vous m'avez quitté;
> Et l'ennui, les soucis, les remords, les douleurs,
> Ont en foule inondé ma vie, etc.

Il faut convenir qu'il y a dans ce style une harmonie qui plaît à l'oreille, parce qu'on n'en démêle l'artifice que par la réflexion. Marmontel, dans ses *Incas*, paraît avoir cherché le même effet par le même moyen; mais il n'a pas eu le même succès. Les vers fréquens qu'il a semés dans sa prose, y jettent une sorte de monotonie qui fatigue, et qui n'est point compensée par le bon effet du rhythme.

croirais n'avoir pas fait un travail inutile, si les pages qu'on vient de lire pouvaient engager quelques esprits raisonnables à rendre plus de justice à un écrivain qui a donné à la morale un langage si noble et un ton si touchant.

Cette Notice est de M. Suard, *de l'Institut de France.*

AVIS DE L'ÉDITEUR.

Les écrivains contemporains de Vauvenargues ayant peu parlé de lui, on a cru devoir insérer ici les différens jugemens qui ont été portés de sa personne et de ses ouvrages.

EXTRAIT de l'Éloge funèbre des officiers qui sont morts dans la guerre de 1741, par VOLTAIRE.

« Tu n'es plus, ô douce espérance du reste de « mes jours! ô ami tendre, élevé dans cet in- « vincible régiment du roi, toujours conduit « par des héros! qui s'est tant signalé dans les « tranchées de Prague, dans la bataille de Fon- « tenoi, dans celle de Laufeld, où il a décidé la « victoire. La retraite de Prague, pendant trente « lieues de glaces, jeta dans ton sein les semen- « ces de la mort, que mes tristes yeux ont vu de- « puis se développer: familiarisé avec le trépas, « tu le sentis approcher avec cette indifférence « que les philosophes s'efforçaient jadis ou d'ac- « quérir ou de montrer; accablé de souffrances « au dedans et au dehors, privé de la vue, per- « dant chaque jour une partie de toi-même, ce « n'était que par un excès de vertu que tu n'é-

« tais point malheureux, et que cette vertu ne
« te coûtait point d'effort. Je t'ai vu toujours le
« plus infortuné des hommes et le plus tran-
« quille. On ignorerait ce qu'on a perdu en
« toi, si le cœur d'un homme éloquent n'avait
« fait l'éloge du tien dans un ouvrage consacré
« à l'amitié, et embelli par les charmes de la
« plus touchante poésie. Je n'étais point sur-
« pris que dans le tumulte des armes, tu cul-
« tivasses les lettres et la sagesse : ces exemples
« ne sont pas rares parmi nous. Si ceux qui n'ont
« que de l'ostentation ne t'imposèrent jamais;
« si ceux qui dans l'amitié même ne sont con-
« duits que par la vanité, révoltèrent ton cœur,
« il y a des ames nobles et simples qui te ressem-
« blent. Si la hauteur de tes pensées ne pouvait
« s'abaisser à la lecture de ces ouvrages licen-
« cieux, délices passagères d'une jeunesse égarée,
« à qui le sujet plaît plus que l'ouvrage; si tu
« méprisais cette foule d'écrits que le mauvais
« goût enfante; si ceux qui ne veulent avoir que
« de l'esprit, te paraissaient si peu de chose, ce
« goût solide t'était commun avec ceux qui sou-
« tiennent toujours la raison contre l'inondation
« de ce faux goût qui semble nous entraîner à la
« décadence. Mais par quel prodige avais-tu, à
« l'âge de vingt-cinq ans, la vraie philosophie

« et la vraie éloquence, sans autre étude que le
« secours de quelques bons livres? Comment
« avais-tu pris un essor si haut dans le siècle
« des petitesses? Et comment la simplicité d'un
« enfant timide couvrait-elle cette profondeur
« et cette force de génie? Je sentirai long-temps
« avec amertume le prix de ton amitié; à peine
« en ai-je goûté les charmes, non pas de cette
« amitié vaine qui naît dans les vains plaisirs,
« qui s'envole avec eux, et dont on a toujours à
« se plaindre, mais de cette amitié solide et cou-
« rageuse, la plus rare des vertus. C'est ta perte
« qui mit dans mon cœur ce dessein de rendre
« quelque honneur aux cendres de tant de défen-
« seurs de l'État, pour élever aussi un monu-
« ment à la tienne. Mon cœur rempli de toi a
« cherché cette consolation, sans prévoir à quel
« usage ce discours sera destiné, ni comment il
« sera reçu de la malignité humaine, qui à la
« vérité épargne d'ordinaire les morts, mais qui
« quelquefois aussi insulte à leurs cendres, quand
« c'est un prétexte de plus de déchirer les vivans.»

Le 1er. juin 1748.

« Le jeune homme (ajoute Voltaire dans une
« note) qu'on regrette ici avec tant de raison,
« est M. de Vauvenargues, long-temps capitaine

« au régiment du roi. Je ne sais si je me trompe, « mais je crois qu'on trouvera dans la seconde « édition de son livre, plus de cent pensées qui « caractérisent la plus belle ame, la plus pro- « fondément philosophe, la plus dégagée de tout « esprit de parti. »

« Que ceux qui pensent, méditent les maximes « suivantes :

CXXIII.

La raison nous trompe plus souvent que la nature.

CXXVI.

Si les passions font plus de fautes que le jugement, c'est par la même raison que ceux qui gouvernent font plus de fautes que les hommes privés.

CXXVII.

Les grandes pensées viennent du cœur.

(C'est ainsi que, sans le savoir, il se peignait lui-même.)

CXXXVI.

La conscience des mourans calomnie leur vie.

CXXXVII.

La fermeté ou la faiblesse de la mort dépend de la dernière maladie.

« (J'oserais conseiller qu'on lût les maximes « qui suivent celles-ci et qui les expliquent.)

CXLIII.

La pensée de la mort nous trompe, car elle nous fait oublier de vivre.

CXLV.

La plus fausse de toutes les philosophies est celle qui, sous prétexte d'affranchir les hommes des embarras des passions, leur conseille l'oisiveté.

CLI.

Nous devons peut-être aux passions les plus grands avantages de l'esprit.

CLXIII.

Quiconque est plus sévère que les lois, est un tyran.

CLXIV.

Ce qui n'offense pas la société, n'est pas du ressort de la justice.

« On voit, ce me semble, par ce peu de pen- « sées que je rapporte, qu'on ne peut pas dire « de lui ce qu'un des plus aimables esprits de

« nos jours a dit de ces philosophes de parti, de « ces nouveaux Stoïciens qui en ont imposé aux « faibles :

Ils ont eu l'art de bien connaître
L'homme qu'ils ont imaginé ;
Mais ils n'ont jamais deviné
Ce qu'il est, ni ce qu'il doit être.

« J'ignore si jamais aucun de ceux qui se sont « mêlés d'instruire les hommes, a rien écrit de « plus sage que son chapitre sur le bien et sur le « mal moral. Je ne dis pas que tout soit égal « dans ce livre ; mais si l'amitié ne me fait pas « illusion, je n'en connais guère qui soit plus « capable de former une ame bien née et digne « d'être instruite. Ce qui me persuade encore « qu'il y a des choses excellentes dans cet ouvrage « que M. de Vauvenargues nous a laissé, c'est « que je l'ai vu méprisé par ceux qui n'aiment « que les jolies phrases et le faux bel esprit. »

NOTE INÉDITE

ÉCRITE DE LA MAIN DE VOLTAIRE.

VAUVENARGUES a dit dans son ouvrage (1) : « Toutefois, avant qu'il y eût une première cou-« tume, notre ame existait, et avait ses incli-« nations qui fondaient sa nature; et ceux qui « réduisent tout à l'opinion et à l'habitude, ne « comprennent pas ce qu'ils disent : toute cou-« tume suppose antérieurement une nature, « toute erreur une vérité. Il est vrai qu'il est « difficile de distinguer les principes de cette « première nature de ceux de l'éducation : « ces principes sont en si grand nombre et si « compliqués que l'esprit se perd à les suivre; « et il n'est pas moins malaisé de démêler ce « que l'éducation a épuré ou gâté dans le natu-« rel. On peut remarquer seulement que ce « qui nous reste de notre première nature est « plus véhément et plus fort que ce qu'on ac-

(1) Page 104, *Réflexions sur divers sujets*, n°. II, *de la nature et de la coutume*.

« quiert par étude, par coutume et par ré-
« flexion, parce que l'effet de l'art est d'affai-
« blir lors même qu'il polit et qu'il corrige. »

Le marquis de Vauvenargues semble dans cette pensée approcher plus de la vérité que Pascal (1). C'était un génie peut-être aussi rare que Pascal même; aimant comme lui la vérité, la cherchant avec autant de bonne foi, aussi éloquent que lui, mais d'une éloquence aussi insinuante que celle de Pascal était ardente et impérieuse. Je crois que les pensées de ce jeune militaire philosophe seraient aussi utiles à un homme du monde fait pour la société, que celles du héros de Port-Royal peuvent l'être à un solitaire qui ne cherche que de nouvelles raisons de haïr et de mépriser le genre humain. La philosophie de Pascal est fière et rude, celle de notre jeune officier douce et persuasive, et toutes deux également soumises à l'Être suprême.

Je ne m'étonne point que Pascal entouré de rigoristes, aigri par des persécutions continuelles, ait laissé couler dans ses pensées le fiel dont ses amis (2) étaient dévorés: mais qu'un

(1) Dans cette pensée : *Que ce que nous prenons pour la nature n'est souvent qu'une première coutume.*

(2) *Amis*, tel est le texte de l'édition publiée en 1806 par

jeune capitaine au régiment du Roi ait pu, dans les tumultes orageux de la guerre de 1741, ne voyant, n'entendant que ses camarades livrés aux devoirs pénibles de leur état, ou aux emportemens de leur âge, se former une raison si supérieure, un goût si fin et si juste, tant de recueillement au milieu de tant de dissipations, me cause une grande surprise.

Il a eu une triste ressemblance avec Pascal; affligé comme lui de maux incurables, il s'est consolé par l'étude : la différence est que l'étude a rendu ses mœurs encore plus douces, au lieu qu'elle augmenta l'humeur triste de Pascal.

M. Suard. Nous avons entre les mains une copie manuscrite de cette note, dans laquelle on a substitué le mot *ennemis*. Voltaire a pu écrire également l'un et l'autre; mais il n'a pu dire, sans quelque injustice, que les *amis* de Pascal, les solitaires de Port-Royal, *étaient dévorés de fiel;* tandis qu'on est obligé d'avouer que ses ennemis n'en manquaient pas. Edit.

FRAGMENS

SUR VAUVENARGUES.

Lettre de Marmontel à madame d'Espagnac.

« Le libraire chargé de la nouvelle édition
« des précieux ouvrages de M. de Vauvenargues,
« m'a déjà écrit pour avoir de moi une notice
« sur la vie de ce nouveau Socrate ; et je lui ai
« témoigné mon regret de ne pouvoir lui en
« donner d'autres détails, que ce que j'en ai dit
« dans une note de mon épître dédicatoire de
« Denis-le-Tyran, à M. de Voltaire. C'était chez
« lui que j'avais connu M. de Vauvenargues, et,
« à l'exemple de M. de Voltaire, il m'avait pris
« en amitié. J'étais fort jeune alors. Je les écou-
« tais avidement l'un et l'autre, et jamais en-
« tretiens n'ont été plus intéressans ; mais
« comme il n'y était pas question de ce qu'on me
« demande, je n'en ai su que ce que j'en ai
« écrit. Tout ce que je puis ajouter, madame,
« c'est que M. de Voltaire, bien plus âgé que
« M. de Vauvenargues, avait pour lui le plus

« tendre respect ; et en général jamais l'attrait
« de l'éloquence et le charme de la vertu n'ont
« obtenu un plus doux empire sur les esprits
« et sur les ames. Le peu d'écrits qu'il a laissés
« sont le fruit des méditations sublimes et pro-
« fondes qui lui faisaient oublier ses douleurs.
« Il n'avait lu qu'un petit nombre de livres,
« mais les meilleurs et les plus exquis; et il
« les relisait sans cesse. Racine et Fénélon
« étaient ceux qui lui étaient le plus analogues ;
« et il en faisait ses délices. On le sent bien à la
« manière dont il les a peints. C'est avec leur
« plume qu'il a tracé leur caractère. Le sien
« est vivement et fidèlement exprimé dans tout
« ce qu'il a écrit. En le lisant, je crois l'en-
« tendre encore; et je ne sais si sa conversa-
« tion n'avait pas même quelque chose de plus
« délicat et de plus animé que ses divins écrits.
« J'ai toujours regretté que M. de Voltaire n'ait
« pas fait pour lui ce que Platon et Xénophon
« avaient fait pour Socrate. Ses entretiens n'é-
« taient pas moins intéressans à recueillir. Hélas !
« ce ne sont pas les hommes, c'est la nature elle-
« même qui lui a versé à longs traits la ciguë ;
« et je la lui ai vu boire avec une égalité d'ame
« inaltérable. Tandis que tout son corps tom-
« bait en dissolution, son ame conservait cette

« tranquillité parfaite dont jouissent les purs « esprits. C'était avec lui qu'on apprenait à « vivre, et qu'on apprenait à mourir.

« Son sang s'était comme figé de froid dans « la retraite de Prague ; et dans l'Éloge des offi- « ciers morts dans cette campagne, M. de Vol- « taire lui a donné une place distinguée. C'est « là, madame, qu'on le trouvera dignement « loué. Pour moi, je ne puis offrir à sa mémoire « qu'un tribut de vénération. Mais je lui con- « serve ce sentiment aussi vif et aussi profond « que peut l'inspirer la vertu.

« Tels sont, madame, les souvenirs que « vous pouvez communiquer à M. de Fortia, « et dont je consens qu'il fasse usage, même « en transcrivant ma réponse. Ce sont des té- « moignages que je fais gloire de signer. »

« MARMONTEL. »

6 Octobre 1796.

ÉPITRE

A M. DE VOLTAIRE.

Des amis des beaux-arts ami tendre et sincère,
Toi, l'ame de mes vers, ô mon guide! ô mon père!
(Car ce nom t'est bien dû : mon cœur me l'a dicté;
Et de tes sentimens il peint seul la beauté.)
Le tribut d'un talent que ta voix fit éclore,
M'acquitte auprès de toi bien moins qu'il ne m'honore.
L'on saura que sur moi tu tournas ces regards
Qui d'un feu créateur animaient tous les arts;
L'on saura qu'au sortir des mains de la nature,
Inculte, languissant dans une nuit obscure,
Mais épris de tes vers, par ta gloire excité,
Je t'appelai du fond de mon obscurité;
Que mes cris de ton cœur réveillant la tendresse,
Tes bras tendus vers moi reçurent ma jeunesse;
Qu'à penser, à sentir, par tes leçons instruit,
Dans la cour d'Apollon sur tes pas introduit,
Adopté pour ton fils au temple de mémoire,
Sur moi tu fis tomber un rayon de ta gloire.
Que j'aime à me flatter qu'un si beau souvenir
Ira peindre ton ame aux siècles à venir!
Oui, de l'humanité cette touchante image
Des pleurs de nos neveux doit t'assurer l'hommage.
« Il n'est plus, diront-ils : ô destins! ô regrets!
« Heureux son siècle! heureux qui put le voir de près!

« Heureux surtout l'ami qui, choisi par l'estime,
« Et de ses sentimens dépositaire intime,
« Put lire dans son cœur et penser d'après lui!
« Modèle des talens, il en fut donc l'appui;
« Et la vertu, qu'il peint avec des traits de flamme,
« Ainsi qu'en ses écrits régna donc en son ame! »
Pour moi, que l'on eût vu dans la foule oublié,
Je te devrai bientôt l'honneur d'être envié.
De quelques traits de feu si mes vers étincellent,
Si d'un pinceau hardi les touches s'y décèlent,
Ce sont d'heureux larcins qu'à son maître il a faits,
Dira-t-on. Oui, ma gloire est un de tes bienfaits;
Elle m'en est plus chère. Est-il un cœur sensible
Pour qui ce noble aveu fût un devoir pénible?
Oui, lorsque mon esprit, faible et timide encor,
Osa jusqu'au théâtre élever son essor,
C'est toi qui l'appelais du bout de la carrière :
Il puisa dans ton sein sa force et sa lumière;
Et quand la même ardeur cesse de l'animer,
Dans sa source féconde il va la rallumer.
Puiser dans tes écrits l'ivresse du génie,
Y former mon oreille à ta noble harmonie,
Et dans ce labyrinthe où l'art sait se cacher,
Épier le secret de peindre et de toucher;
C'est avec tes rivaux un droit que je partage.
Mais voir en liberté ton ame sans nuage,
Épurer ma pensée au feu de ses rayons,
Voir broyer tes couleurs et tailler tes crayons,
Manier ces ressorts dont le jeu nous étonne;
Voilà le droit flatteur que l'amitié me donne.
Amitié, doux lien, digne appui des vertus,
Viens, relève les arts sous l'envie abattus.
Qu'à ta voix, de son joug les muses s'affranchissent.
Du commerce des cœurs les esprits s'enrichissent,

Et comme eux, à l'envi, l'un dans l'autre épanchés,
Mêlent, en s'unissant, tous leurs trésors cachés.
Vous qui vous disputez le sommet du Parnasse,
Vous voyez les rayons qu'un verre ardent ramasse :
Sans chaleur, sans éclat avant que de s'unir,
Dans leur brûlant foyer qui peut les soutenir?
L'airain coule, enflammé des traits de leur lumière,
Le diamant dissous est réduit en poussière;
Tel serait sur les cœurs, si vous l'aviez voulu,
De vos talens unis le pouvoir absolu.
Et que peut contre vous le vulgaire indocile?
Vous préparez le fiel que sur vous il distille.
Prêt à vous adorer, si vous vous respectiez,
Vous le verriez fléchir et tomber à vos pieds.
Pour son orgueil malin quels plus charmans spectacles,
Que les divisions qui troublent ses oracles?
Ainsi la Grèce impie aimait à voir ses dieux,
Au gré de son poète, inconstans, vicieux,
Ceux-ci d'un ravisseur embrassant la querelle,
Ceux-là vengeant l'époux d'une femme infidèle,
Dans des combats honteux se mêler aux mortels,
Et de leurs propres mains renverser leurs autels.
Toi, qui dans l'ennemi que tes succès aigrissent,
Distingues le talent des mœurs qui le flétrissent;
Toi, dont le cœur sensible et né pour l'amitié
Aux fureurs de l'envie oppose la pitié;
Ne verrons-nous jamais, des enfans du génie,
En un trésor commun la gloire réunie,
Et les talens, amis dans leur rivalité,
L'un l'autre se pousser vers l'immortalité?
De cet accord heureux tu goûtas les délices,
Tandis qu'à la vertu les destins plus propices
Laissèrent parmi nous ce Socrate nouveau
Dont tes larmes encore arrosent le tombeau.

Ce Vauvenargue (1) enfin, qui fit voir à la terre
Un juste dans le monde, un sage dans la guerre,
Un cœur stoïque et tendre, et qui, maître de lui,
Insensible à ses maux, sentait tous ceux d'autrui.
Je vous vis, l'un de l'autre, admirateurs sincères,
Confidens éclairés, et critiques sévères,
Vous exercer dans l'art ingrat et généreux
De rendre les humains meilleurs et plus heureux.
Tendre arbrisseau planté sur la rive féconde
Où ces fleuves mêlaient les trésors de leur onde,
Mon esprit pénétré de leurs sucs nourrissans,
Sentait développer ses rejetons naissans;

(1) Il était né en Provence, et d'une famille distinguée par sa noblesse. Il embrassa d'abord le parti des armes, et servit quelques années capitaine dans le régiment du roi. Les officiers de ce corps, heureusement capables d'apprécier ce rare mérite, avaient conçu pour lui une si tendre vénération, que je lui ai entendu donner par quelques uns d'entre eux le respectable nom de père.

Les fatigues de la campagne de Bohême avaient altéré la santé de M. de Vauvenargues, au point de le mettre hors d'état de servir. Alors son zèle pour sa patrie tourna ses vues du côté des négociations. Une étude assidue, les réflexions profondes dont il s'était nourri, et la prodigieuse étendue de son génie, le mirent bientôt en état de se présenter au ministère. Ses services furent acceptés; et, en attendant le moment d'être employé, il se retira dans le sein de sa famille, pour s'y livrer paisiblement au nouveau genre de travail qu'il venait d'embrasser. Ce fut là que la petite vérole mit le comble à ses infirmités. Défiguré par les traces qu'elle avait laissées, attaqué d'un mal de poitrine qui l'a conduit au tombeau, et presque privé de la vue, il se vit obligé de remercier le ministère des desseins qu'il avait sur lui. Mais au milieu des douleurs, il ne put renoncer au désir d'être utile aux hommes. L'étude de la philosophie, c'est-à-dire, de l'ame, occupa ses dernières années. Le livre de l'*Introduction à la connaissance de l'esprit humain* a été le fruit de cette étude, monument précieux qu'on peut appeler le triomphe de la raison, du génie et de la vertu, et où l'on voit que personne ne mérita mieux que lui cet éloge qu'il adresse lui-même à M. de Fénélon.

Quand la mort.... O douleur! ô perte irréparable!
O jour funeste au monde, et pour nous lamentable!
Le flambeau de l'esprit, le temple des vertus,
L'exemple des amis, Vauvenargues n'est plus.
C'est à toi, peintre né des héros et des sages,
C'est à toi de tracer aux yeux de tous les âges
L'ame de ce mortel trop peu connu du sien.
L'éloge de son cœur fera celui du tien.
Fais revivre pour moi la moitié de toi-même.
J'eus deux amis en vous : l'un d'eux respire et m'aime;
Seul il peut remplacer celui que j'ai perdu.
Redouble ta tendresse, il me sera rendu.

« Quelle bonté de cœur, quelle sincérité se remarquent dans tes « écrits! Quel éclat de paroles et d'images! Qui sema jamais tant de « fleurs dans un style si naturel, si mélodieux et si tendre? qui orna « jamais la raison d'une si touchante parure? Ah! que de trésors « d'abondance dans ta riche simplicité? »

Un petit nombre d'amis firent toute sa consolation dans ses souffrances. Il connaissait le monde, et ne le méprisait point. Ami des hommes, il mettait le vice au rang des malheurs, et la pitié tenait dans son cœur la place de l'indignation et de la haine. Jamais l'art et la politique n'ont eu sur les esprits autant d'empire que lui en donnaient la bonté de son naturel et la douceur de son éloquence. Il avait toujours raison, et personne n'en était humilié. L'affabilité de l'ami faisait aimer en lui la supériorité du maître.

L'indulgente vertu nous parlait par sa bouche.

Doux, sensible, compatissant, il tenait nos ames dans ses mains. Une sérénité inaltérable dérobait ses douleurs aux yeux de l'amitié. Pour soutenir l'adversité, l'on n'avait besoin que de son exemple; et témoin de l'égalité de son ame, on n'osait être malheureux auprès de lui.

Plus il se vit près de son terme, plus il se hâta de mettre à profit des momens qui lui échappaient : les derniers de sa vie ont été employés à perfectionner son livre; et il est mort avec la constance et les sentimens d'un chrétien philosophe, dans le sein de la paix, et dans les bras de ses amis.

EXTRAIT

DES MÉLANGES LITTÉRAIRES.

VAUVENARGUES à qui son talent assigne une place honorable parmi les écrivains, se distingue encore par le genre de sa philosophie de la plupart de nos moralistes, qui en général n'ont considéré la nature humaine que sous le point de vue le plus affligeant, qui ont sondé le cœur de l'homme pour y trouver les replis dans lesquels se réfugie et se cache le vice; Vauvenargues y a cherché surtout les ressources qu'il conserve pour la vertu. Ils veulent rabaisser notre orgueil, en dévoilant le mystère de nos faiblesses; son but à lui est de nous relever le courage, en nons apprenant le secret de nos forces.

C'est ce caractère d'élévation, d'amour pour ce qui est beau et honnête, de confiance dans la vertu et le courage, qui fait le charme des écrits de Vauvenargues; nul n'a mieux prouvé la vérité de ce mot de lui si souvent cité : *Les grandes pensées viennent du cœur*. Il pourrait ajouter que c'est au cœur qu'elles s'adressent, et le prouverait encore. Il est peu d'écrivains qui émeuvent autant en faveur de la vertu : à ce titre, il pourrait passer pour l'un des plus recommandables, je dirais même des plus utiles, si nous étions encore au temps où les livres instruisaient les hommes ; mais si on leur reconnaît maintenant quelque usage en morale, c'est seulement d'occuper des loisirs qui pourraient être plus mal employés, d'attacher d'une manière innocente des esprits trop enclins à s'égarer. Ainsi donc on pourrait dire que la beauté morale d'un ouvrage se compose non-seulement de la pureté de ses principes et de la force de ses raisonnemens, mais du mérite de son style et de l'agrément de sa composition. Il faut qu'il frappe, qu'il arrête, qu'il attache ; et Vauvenargues remplit toutes ces conditions. Il n'affecte point les pensées neuves, ni les opinions extraordinaires ; mais sa manière d'envisager les choses donne souvent à ses idées une tournure qui lui est particulière. D'ailleurs, Vauvenargues, très-peu instruit, avait appris à penser par lui-même ; destiné de plus à une carrière très-différente de celle des lettres et de la philosophie, il s'était préservé de cette espèce d'asservissement auquel l'opinion dominante dans le monde littéraire soumet toujours un peu trop les meilleurs esprits de cette classe. Ils la modifient plus ou moins, mais elle forme toujours pour eux une sorte de diapazon sur lequel, sans s'en apercevoir, ils accordent leur ton et leurs idées. Aussi tous les écrivains contemporains de Vauvenargues n'ont-ils pas su comme lui, en adoptant les idées belles et utiles de la philosophie de son siècle, se préserver de ses erreurs et de ses exagérations.

DISCOURS PRÉLIMINAIRE.

Toutes les bonnes maximes sont dans le monde, dit Pascal, *il ne faut que les appliquer;* mais cela est très-difficile. Ces maximes n'étant pas l'ouvrage d'un seul homme, mais d'une infinité d'hommes différens qui envisageaient les choses par divers côtés, peu de gens ont l'esprit assez profond pour concilier tant de vérités, et les dépouiller des erreurs dont elles sont mêlées (*a*). Au lieu de songer à réunir

(*a*) Dans la première édition, on lit après cette phrase un passage que l'auteur supprima dans la seconde ; le voici : « Si quelque « génie plus solide se propose un si grand travail, nous nous « unissons contre lui. Aristote, disons-nous, a jeté toutes les « semences des découvertes de Descartes ; quoiqu'il soit mani- « feste que Descartes ait tiré de ces vérités, connues, selon « nous, à l'antiquité, des conséquences qui renversent toute sa « doctrine, nous publions hardiment nos calomnies : cela me « rappelle encore ces paroles de Pascal : *Ceux qui sont capables « d'inventer sont rares ; ceux qui n'inventent pas sont en plus « grand nombre, et par conséquent les plus forts, et l'on voit « que, pour l'ordinaire, ils refusent aux inventeurs la gloire « qu'ils méritent*, etc.

« Ainsi nous conservons obstinément nos préjugés, nous en « admettons même de contradictoires, faute d'aller jusqu'à l'en- « droit par lequel ils se contrarient. C'est une chose monstrueuse » que cette confiance dans laquelle on s'endort, pour ainsi dire, ces divers points de vue, nous nous amusons à discourir des opinions des philosophes, et nous les opposons les uns aux autres, trop faibles pour rapprocher ces maximes éparses et pour en former un système raisonnable. Il ne paraît pas même que personne s'inquiète beaucoup des lumières (1) et des connaissances qui nous manquent. Les uns s'endorment sur l'autorité des préjugés, et en admettent même de contradictoires, faute d'aller jusqu'à l'endroit par lequel ils se contrarient; et les autres passent leur vie à douter et à disputer, sans s'embarrasser des sujets de leurs disputes et de leurs doutes.

Je me suis souvent étonné, lorsque j'ai commencé à réfléchir, de voir qu'il n'y eût aucun principe sans contradiction, point de terme même sur les grands sujets dans l'idée duquel on convînt (2). Je disais quelquefois en moi-même : Il n'y a point de démarche

« sur l'autorité des maximes populaires, n'y ayant point de « principe sans contradiction, point de terme même sur les « grands sujets dans l'idée duquel on convienne. Je n'en citerai « qu'un exemple : qu'on me définisse la vertu. »

(1) Il serait plus exact de dire *s'inquiète beaucoup du défaut des lumières ;* mais c'est une locution elliptique qui peut être justifiée. M.

(2) Un *terme sur les grands sujets* est une expression trop vague. *Convenir dans l'idée d'un terme ;* cette manière de s'exprimer est trop négligée. M.

La pensée de Vauvenargues est que, dans les matières de haute spéculation, le sens de l'expression n'est pas toujours exactement déterminé. ÉDIT.

indifférente dans la vie; si nous la conduisons sans la connaissance de la vérité, quel abîme!

Qui sait ce qu'il doit estimer, ou mépriser, ou haïr, s'il ne sait ce qui est bien ou ce qui est mal? et quelle idée aura-t-on de soi-même, si on ignore ce qui est estimable? etc.

On ne prouve point les principes, me disait-on. Voyons, s'il est vrai (1), répondais-je; car cela même est un principe très-fécond, et qui peut nous servir de fondement (*a*).

Cependant j'ignorais la route que je devais suivre pour sortir des incertitudes qui m'environnaient. Je ne savais précisément ni ce que je cherchais, ni ce

(1) Pour *si cela est vrai;* locution familière, mais peu exacte. M.

(*a*) On trouve encore ici dans la première édition un passage que nous rétablissons, et qui fut supprimé dans la seconde : « Nous « nous appliquons à la chimie, à l'astronomie, ou à ce qu'on « appelle érudition, comme si nous n'avions rien à connaître de « plus important. Nous ne manquons pas de prétexte pour jus- « tifier ces études. Il n'y a point de science qui n'ait quelque « côté utile. Ceux qui passent toute leur vie à l'étude des co- « quillages, disent qu'ils contemplent la nature. O démence « aveugle! la gloire est-elle un nom, la vertu une erreur, la foi « un fantôme? Nous nions ou nous recevons ces opinions que « nous n'avons jamais approfondies, et nous nous occupons « tranquillement de sciences purement curieuses. Croyons-nous « connaître les choses dont nous ignorons les principes?

« Pénétré de ces réflexions dès mon enfance, et blessé des « contradictions trop manifestes de nos opinions, je cherchai au « travers de tant d'erreurs les sentiers délaissés du vrai, et je dis, *que veux-je savoir*, etc. »

qui pouvait m'éclairer; et je connaissais peu de gens qui fussent en état de m'instruire. Alors j'écoutai cet instinct qui excitait ma curiosité et mes inquiétudes, et je dis : que veux-je savoir? que m'importe-t-il de connaître? Les choses qui ont avec moi les rapports les plus nécessaires? sans doute. Et où trouverai-je ces rapports, sinon dans l'étude de moi-même et la connaissance des hommes, qui sont l'unique fin de mes actions, et l'objet de toute ma vie? Mes plaisirs, mes chagrins, mes passions, mes affaires, tout roule sur eux. Si j'existais seul sur la terre, sa possession entière serait peu pour moi : je n'aurais plus ni soins, ni plaisirs, ni désirs; la fortune (1) et la gloire même ne seraient pour moi que des noms; car il ne faut pas s'y méprendre : nous ne jouissons que des hommes, le reste n'est rien (2). Mais, continuai-je, éclairé par une nouvelle lumière : qu'est-ce que l'on ne trouve pas dans la connaissance de l'homme? Les devoirs des hommes rassemblés en société, voilà la morale; les intérêts réciproques de

(1) *Fortune*, pris dans le sens de *richesse*, peut procurer, à l'homme vivant dans la solitude la plus absolue, quelques jouissances matérielles; mais quelle peut-être la gloire pour un être isolé? elle n'existe pas hors de l'état de société. Édit.

(2) Cela est au moins obscur; nous jouissons aussi des choses. M.

L'auteur a voulu dire que nous ne jouissons que par le sentiment d'opinion que nous inspirons à ceux qui nous entourent, et que nos plaisirs sont au moral le résultat de l'amour-propre et de la vanité flattés. Édit.

ces sociétés, voilà la politique; leurs obligations envers Dieu, voilà la religion.

Occupé de ces grandes vues, je me proposai d'abord de parcourir toutes les qualités de l'esprit, ensuite toutes les passions, et enfin toutes les vertus et tous les vices, qui, n'étant que des qualités humaines, ne peuvent être connus que dans leur principe. Je méditai donc sur ce plan, et je posai les fondemens d'un long travail. Les passions inséparables de la jeunesse, des infirmités continuelles, la guerre survenue dans ces circonstances, ont interrompu cette étude. Je me proposais de la reprendre un jour dans le repos, lorsque de nouveaux contretemps m'ont ôté en quelque manière l'espérance de donner plus de perfection à cet ouvrage.

Je me suis attaché, autant que j'ai pu, dans cette seconde édition, à corriger les fautes de langage qu'on m'a fait remarquer dans la première. J'ai retouché le style en beaucoup d'endroits. On trouvera quelques chapitres plus développés et plus étendus qu'ils n'étaient d'abord : tel est celui *du Génie*. On pourra remarquer aussi les augmentations que j'ai faites dans les *Conseils à un jeune homme*, et dans les *Réflexions critiques* sur les poëtes, auxquels j'ai joint Rousseau et Quinault, auteurs célèbres dont je n'avais pas encore parlé. Enfin on verra que j'ai fait des changemens encore plus considérables dans les *Maximes*. J'ai supprimé plus de deux cents pensées, ou trop obscures, ou trop communes, ou inutiles. J'ai changé l'ordre des maximes que j'ai conservées ; j'en ai expliqué quelques-unes ; et j'en ai ajouté quelques autres, que j'ai répandues indifféremment parmi les anciennes. Si j'avais pu profiter de toutes les observations que mes amis ont daigné faire sur mes fautes, j'aurais rendu peut-être ce petit ouvrage moins indigne d'eux. Mais ma mauvaise santé ne m'a pas permis de leur témoigner par ce travail le désir que j'ai de leur plaire.

INTRODUCTION

A LA CONNAISSANCE

DE L'ESPRIT HUMAIN.

LIVRE PREMIER.

I.

De l'Esprit en général.

Ceux qui ne peuvent rendre raison des variétés de l'esprit humain, y supposent des contrariétés inexplicables. Ils s'étonnent qu'un homme qui est vif, ne soit pas pénétrant; que celui qui raisonne avec justesse, manque de jugement dans sa conduite; qu'un autre qui parle nettement, ait l'esprit faux, etc. Ce qui fait qu'ils ont tant de peine à concilier ces prétendues bizarreries, c'est qu'ils confondent les qualités du caractère avec celles de l'esprit, et qu'ils rapportent au raisonnement des effets qui appartiennent aux passions. Ils ne remarquent pas qu'un esprit juste, qui fait une faute, ne la fait quelquefois que pour satisfaire une passion, et non par défaut de lumière ; et lorsqu'il arrive à un homme vif de manquer de pénétration, ils ne savent pas que pénétration et vivacité sont deux choses assez différentes, quoique ressemblantes, et qu'elles peuvent être séparées. Je ne prétends pas découvrir toutes les sources de nos erreurs sur une matière sans bornes ; lorsque nous croyons tenir la vérité par un endroit, elle nous échappe par mille autres. Mais j'espère qu'en parcourant les principales parties de l'esprit, je pourrai observer les différences essentielles, et faire évanouir un très-grand nombre de ces contradictions imaginaires qu'admet l'ignorance. L'objet de ce premier livre est de faire connaître, par des définitions et par des réflexions, fondées sur l'expérience, toutes ces différentes qualités des hommes qui sont comprises sous le nom d'esprit. Ceux qui recherchent les causes physiques de ces mêmes qualités, en pourraient peut-être parler avec moins d'incertitude, si on réussissait dans cet ouvrage à développer les effets dont ils étudiaient les principes.

II.

Imagination, Réflexion, Mémoire.

Il y a trois principes remarquables dans l'esprit : l'imagination, la réflexion et la mémoire (1).

J'appelle imagination le don de concevoir les choses d'une manière figurée, et de rendre ses pensées par des images (2). Ainsi l'imagination parle toujours à nos sens ; elle est l'inventrice des arts, et l'ornement de l'esprit.

La réflexion est la puissance de se replier sur ses idées, de les examiner, de les modifier, ou de les combiner de diverses manières. Elle est le grand principe du raisonnement, du jugement, etc.

La mémoire conserve le précieux dépôt de l'imagination et de la réflexion. Il serait superflu de s'arrêter à peindre son utilité non contestée. Nous n'employons dans la plupart de nos raisonnemens, que des réminiscences ; c'est sur elles que nous bâtissons : elles sont le fondement et la matière de tous nos discours. L'esprit que la mémoire cesse de nourrir, s'éteint dans les efforts laborieux de ses recherches. S'il y a un ancien préjugé contre les gens d'une heureuse mémoire, c'est parce qu'on suppose qu'ils ne peuvent embrasser et mettre en ordre tous leurs

(1) La mémoire est la première. Pourquoi? V.

(2) L'imagination est ici considérée relativement à la littérature. M.

souvenirs, parce qu'on présume que leur esprit ouvert à toute sorte d'impressions, est vide, et ne se charge de tant d'idées empruntées, qu'autant qu'il en a peu de propres : mais l'expérience a contredit ces conjectures par de grands exemples. Et tout ce qu'on peut en conclure avec raison, est qu'il faut avoir de la mémoire dans la proportion de son esprit, sans quoi on se trouve nécessairement dans un de ces deux vices, le défaut ou l'excès.

III.

Fécondité.

Imaginer, réfléchir, se souvenir, voilà les trois principales facultés de notre esprit. C'est là tout le don de penser (1), qui précède et fonde les autres. Après vient la fécondité, puis la justesse, etc.

Les esprits stériles laissent échapper beaucoup de choses (2), et n'en voient pas tous les côtés :

(1) On ne pense que par mémoire. V. — Ne serait-il pas plus exact de dire : On ne pense qu'au moyen de la mémoire ? S.

(2) L'esprit stérile est celui en qui l'idée qu'on lui présente ne fait pas naître d'idées accessoires ; au lieu que l'esprit fécond produit sur le sujet qui l'occupe, toutes les idées qui appartiennent à ce sujet. De même que dans une oreille exercée et sensible, un son produit le sentiment des sons harmoniques, et qu'elle entend un accord où les autres n'entendent qu'un son. S.

mais l'esprit fécond sans justesse, se confond dans son abondance, et la chaleur du sentiment qui l'accompagne, est un principe d'illusion très à craindre; de sorte qu'il n'est pas étrange de penser beaucoup, et peu juste.

Personne ne pense, je crois, que tous les esprits soient féconds, ou pénétrans, ou éloquens, ou justes, dans les mêmes choses. Les uns abondent en images, les autres en réflexions, les autres en citations, etc., chacun selon son caractère, ses inclinations, ses habitudes, sa force ou sa faiblesse.

IV.

Vivacité.

La vivacité consiste dans la promptitude des opérations de l'esprit. Elle n'est pas toujours unie à la fécondité. Il y a des esprits lents, fertiles; il y en a de vifs, stériles. La lenteur des premiers vient quelquefois de la faiblesse de leur mémoire, ou de la confusion de leurs idées, ou enfin de quelque défaut dans leurs organes, qui empêche leurs esprits de se répandre avec vitesse. La stérilité des esprits vifs, dont les organes sont bien disposés, vient de ce qu'ils manquent de force pour suivre une idée, ou de ce qu'ils sont sans passions; car les passions fertilisent l'esprit sur les choses qui leur sont propres. Et cela pourrait expliquer de certaines bizarreries : un esprit vif dans la conversation, qui s'éteint dans le cabinet; un génie perçant dans l'intrigue, qui s'appesantit dans les sciences, etc.

C'est aussi par cette raison que les personnes enjouées, que les objets frivoles intéressent, paraissent les plus vives dans le monde. Les bagatelles qui soutiennent la conversation, étant leur passion dominante, elles excitent toute leur vivacité, leur fournissent une occasion continuelle de paraître. Ceux qui ont des passions plus sérieuses étant froids sur ces puérilités, toute la vivacité de leur esprit demeure concentrée.

V.

Pénétration.

La pénétration est une facilité à concevoir (1), à remonter au principe des choses, ou à prévenir (2) leurs effets par une suite d'inductions.

(1) *Concevoir,* veut dire ici se former, d'après ce qu'on voit, des idées de ce qu'on ne voit pas, et par là *pénétrer* plus loin que la simple apparence. S.

(2) Au lieu de *prévenir,* il faut, ce me semble, *prévoir les effets par induction,* après quoi on les prévient. S.

C'est une qualité qui est attachée comme les autres à notre organisation; mais que nos habitudes et nos connaissances perfectionnent: nos connaissances, parce qu'elles forment un amas d'idées qu'il n'y a plus qu'à réveiller; nos habitudes, parce qu'elles ouvrent nos organes, et donnent aux esprits un cours facile et prompt.

Un esprit extrêmement vif peut être faux, et laisser échapper beaucoup de choses par vivacité ou par impuissance de réfléchir, et n'être pas pénétrant. Mais l'esprit pénétrant ne peut être lent; son vrai caractère est la vivacité et la justesse unies à la réflexion.

Lorsqu'on est trop préocupé de certains principes sur une science, on a plus de peine à recevoir d'autres idées dans la même science et une nouvelle méthode; mais c'est là encore une preuve que la pénétration est dépendante, comme je l'ai dit, de nos habitudes. Ceux qui font une étude puérile des énigmes, en pénètrent plutôt le sens que les plus subtils philosophes.

VI.

De la Justesse, de la Netteté, du Jugement.

La netteté est l'ornement de la justesse (1);

(1) La netteté naît de l'ordre des idées. V.

mais elle n'en est pas inséparable. Tous ceux qui ont l'esprit net, ne l'ont pas juste. Il y a des hommes qui conçoivent très-distinctement, et qui ne raisonnent pas conséquemment. Leur esprit trop faible ou trop prompt ne peut suivre la liaison des choses, et laisse échapper leurs rapports. Ceux-ci ne peuvent assembler beaucoup de vues, attribuent quelquefois à tout un objet, ce qui convient au peu qu'ils en connaissent. La netteté de leurs idées empêche qu'ils ne s'en défient. Eux-mêmes se laissent éblouir par l'éclat des images qui les préoccupent; et la lumière de leurs expressions les attache à l'erreur de leurs pensées (1).

La justesse vient du sentiment du vrai formé dans l'ame, accompagné du don de rapprocher les conséquences des principes, et de combiner leurs rapports. Un homme médiocre peut avoir de la justesse à son degré, un petit ouvrage de même (2). C'est sans doute un grand avantage, de quelque sens qu'on le considère : toutes choses en divers genres ne tendent à la perfection qu'autant qu'elles ont de justesse (3).

(1) Bien écrit. V.

(2) *A son degré, de même*, expressions trop négligées. M.

(3) Je dirais *n'ont de perfection;* et même comment dit-on qu'une chose a plus ou moins de justesse ? M.

Justesse ici n'est pas le mot propre : cela veut dire sans doute

Ceux qui veulent tout définir ne confondent pas le jugement et l'esprit juste; ils rapportent à ce dernier (1) l'exactitude dans le raisonnement, dans la composition, dans toutes les choses de pure spéculation; la justesse dans la conduite de la vie, ils l'attachent au jugement (2).

Je dois ajouter qu'il y a une justesse et une netteté d'imagination (3); une justesse et une netteté de réflexion, de mémoire, de sentiment, de raisonnement, d'éloquence, etc. Le tempérament et la coutume mettent des différences infinies entre les hommes, et resserrent ordinairement beaucoup leurs qualités. Il faut appliquer ce principe à chaque partie de l'esprit; il est très-facile à comprendre.

Je dirai encore une chose que peu de per-

ici, juste proportion de parties, exacte combinaison de rapports. Sans cela vaudrait-il la peine de dire, comme le fait Vauvenargues deux lignes plus haut, qu'*un petit ouvrage peut avoir de la justesse*. Sans doute, puisqu'une pensée, qui est assurément le plus petit ouvrage possible, n'a pas de mérite sans la justesse. S.

(1) *Ils rapportent à ce dernier.* C'est qu'il me semble que l'esprit juste consiste seulement à raisonner juste sur ce qu'on connaît, et que le jugement suppose des connaissances qui mettent en état de juger ce qu'on rencontre, et la vie en général est composée de rencontres. S.

(2) *La justesse*, etc. Justesse est ici sagesse. V.

(3) *Je dois ajouter*, etc. Un peu confus. V.

sonnes ignorent : on trouve quelquefois dans l'esprit des hommes les plus sages, des idées par leur nature inalliables, que l'éducation, la coutume, ou quelque impression violente, ont liées irrévocablement dans leur mémoire. Ces idées sont tellement jointes, et se présentent avec tant de force, que rien ne les peut séparer (1); ces ressentimens de folie sont sans conséquence, et prouvent seulement, d'une manière incontestable, l'invincible pouvoir de la coutume.

VII.

Du bon Sens.

Le bon sens n'exige pas un jugement bien profond, il semble consister plutôt à n'apercevoir les objets que dans la proportion exacte qu'ils ont avec notre nature, ou avec notre condition. Le bon sens n'est donc pas à penser sur les choses avec trop de sagacité, mais à les concevoir d'une manière utile, à les prendre dans le bon sens.

Celui qui voit (2) avec un microscope aperçoit sans doute dans les choses plus de qualités; mais il ne les aperçoit point dans leur proportion na-

(1) *Ces idées sont,* etc. C'est-à-dire qu'il y a de la folie dans les sages. V.

(2) *Celui qui voit,* etc. Fin et vrai. V.

turelle avec la nature de l homme, comme celui qui ne se sert que de ses yeux. Image des esprits subtils, il pénètre souvent trop loin; celui qui regarde naturellement les choses a le bon sens.

Le bon sens se forme d'un goût naturel pour la justesse et la médiocrité; c'est une qualité du caractère, plutôt encore que de l'esprit. Pour avoir beaucoup de bon sens, il faut être fait de manière que la raison domine sur le sentiment, l'expérience sur le raisonnement.

Le jugement va plus loin que le bon sens, mais ses principes sont plus variables.

VIII.

De la Profondeur.

La profondeur est le terme de la réflexion (1). Quiconque a l'esprit véritablement profond, doit avoir la force de fixer sa pensée fugitive; de la retenir sous ses yeux pour en considérer le fond, et de ramener à un point une longue chaîne d'idées: c'est à ceux principalement qui ont cet esprit en partage, que la netteté et la justesse sont plus nécessaires (2). Quand ces avantages leur man-

(1) *La profondeur,* etc.; c'est-à-dire ce qui suppose le plus de force à la réflexion. S.

(2) *C'est à ceux,* etc. Descartes me paraît un esprit très-profond, quoique faux et romanesque. V.

quent, leurs vues sont mêlées d'illusions et couvertes d'obscurités. Et néanmoins, comme de tels esprits voient toujours plus loin que les autres dans les choses de leur ressort, ils se croient aussi bien plus proches de la vérité que le reste des hommes; mais ceux-ci ne pouvant les suivre dans leurs sentiers ténébreux, ni remonter des conséquences jusqu'à la hauteur des principes, ils sont froids et dédaigneux pour cette sorte d'esprit qu'ils ne sauraient mesurer.

Et même entre les gens profonds, comme les uns le sont sur les choses du monde, et les autres dans les sciences, ou dans un art particulier, chacun préférant son objet dont il connaît mieux les usages, c'est aussi de tous les côtés matière de dissension.

Enfin, on remarque une jalousie encore plus particulière entre les esprits vifs et les esprits profonds, qui n'ont l'un qu'au défaut de l'autre; car les uns marchant plus vite, et les autres allant plus loin, ils ont la folie de vouloir entrer en concurrence; et ne trouvant point de mesure pour des choses si différentes, rien n'est capable de les rapprocher.

IX.

De la Délicatesse, de la Finesse et de la Force.

La délicatesse vient essentiellement de l'ame (1): c'est une sensibilité dont la coutume, plus ou moins hardie, détermine aussi le degré (2). Des nations ont mis de la délicatesse, où d'autres n'ont trouvé qu'une langueur sans grâce; celles-ci au contraire. Nous avons mis peut-être cette qualité à plus haut prix qu'aucun autre peuple de la terre: nous voulons donner beaucoup de choses à entendre sans les exprimer, et les présenter sous des images douces et voilées; nous avons confondu la délicatesse et la finesse, qui est une sorte de sagacité sur les choses de sentiment (3). Cependant la nature sépare souvent des dons qu'elle a faits si divers: grand nombre d'esprits délicats ne sont que délicats; beaucoup d'autres

(1) *La délicatesse vient essentiellement de l'ame.* La délicatesse est, ce me semble, finesse et grâce. V.

(2) *C'est une sensibilité*, etc. La coutume, les mœurs du pays qu'on habite, déterminent le degré de délicatesse et de sensibilité qu'on porte sur certaines choses, c'est-à-dire, qu'elles forment en nous des habitudes qui rendent cette délicatesse plus ou moins sévère, cette sensibilité plus ou moins vive. S.

(3) On n'a jamais dit que *la finesse fût une sorte de sagacité sur les choses de sentiment.* Cela ne pourrait se dire que de la délicatesse de l'âme. S.

ne sont que fins; on en voit même qui s'expriment avec plus de finesse qu'ils n'entendent, parce qu'ils ont plus de facilité à parler qu'à concevoir. Cette dernière singularité est remarquable ; la plupart des hommes sentent au-delà de leurs faibles expressions : l'éloquence est peut-être le plus rare comme le plus gracieux de tous les dons.

La force vient aussi d'abord du sentiment, et se caractérise par le tour de l'expression ; mais quand la netteté et la justesse ne lui sont pas jointes, on est dur au lieu d'être fort, obscur au lieu d'être précis, etc.

X.

De l'étendue de l'Esprit.

Rien ne sert au jugement et à la pénétration comme l'étendue de l'esprit. On peut la regarder, je crois, comme une disposition admirable des organes, qui nous donne d'embrasser beaucoup d'idées à la fois sans les confondre.

Un esprit étendu considère les êtres dans leurs rapports mutuels : il saisit d'un coup d'œil tous les rameaux des choses ; il les réunit à leur source (1) et dans un centre commun ; il les met sous un même point de vue. Enfin il répand

(1) Métaphore incohérente : un *rameau* n'a pas de *source*. M.

la lumière sur de grands objets et sur une vaste surface.

On ne saurait avoir un grand génie, sans avoir l'esprit étendu ; mais il est possible qu'on ait l'esprit étendu sans avoir de génie ; car ce sont deux choses distinctes. Le génie est actif, fécond ; l'esprit étendu fort souvent se borne à la spéculation ; il est froid, paresseux et timide.

Personne n'ignore que cette qualité dépend aussi beaucoup de l'ame, qui donne ordinairement à l'esprit ses propres bornes, et le rétrécit ou l'étend, selon l'essor qu'elle-même se donne.

XI.

Des Saillies.

Le mot de *saillie* vient de sauter ; avoir des saillies, c'est passer sans gradation d'une idée à une autre qui peut s'y allier. C'est saisir les rapports des choses les plus éloignées ; ce qui demande sans doute de la vivacité et un esprit agile. Ces transitions soudaines et inattendues causent toujours une grande surprise ; si elles se portent à quelque chose de plaisant, elles excitent à rire ; si à quelque chose de profond, elles étonnent ; si à quelque chose de grand, elles élèvent : mais ceux qui ne sont pas capables de s'élever, ou de pénétrer d'un coup d'œil des rapports trop approfondis, n'admirent que ces rapports bizarres et sensibles, que les gens du monde saisissent si bien. Et le philosophe, qui rapproche par de lumineuses sentences les vérités en apparence les plus séparées, réclame inutilement contre cette injustice : les hommes frivoles, qui ont besoin de temps pour suivre ces grandes démarches de la réflexion, sont dans une espèce d'impuissance de les admirer ; attendu que l'admiration ne se donne qu'à la surprise et vient rarement par degrés.

Les saillies tiennent en quelque sorte dans l'esprit le même rang que l'humeur peut avoir dans les passions (1). Elles ne supposent pas nécessairement de grandes lumières, elles peignent le caractère de l'esprit. Ainsi ceux qui approfondissent vivement les choses, ont des

(1) *Les saillies tiennent*, etc. Quel rang tient l'humeur entre les passions ? est-elle une passion ? Cette pensée peut expliquer l'*humour* des Anglais. M.

L'humeur, comme la colère, est une passion, une passion momentanée, qui ne mène à rien, parce qu'elle n'a point de but déterminé. Est-ce en cela que Vauvenargues la compare aux saillies, qui le plus souvent ne prouvent rien ? ou bien l'humeur est-elle prise ici pour le caractère ? De quelque manière qu'on veuille l'entendre, ce passage est difficile à expliquer. S.

saillies de réflexion; les gens d'une imagination heureuse, des saillies d'imagination; d'autres des saillies de mémoire; les méchans, des méchancetés ; les gens gais, des choses plaisantes, etc.

Les gens du monde qui font leur étude de ce qui peut plaire, ont porté plus loin que les autres ce genre d'esprit; mais, parce qu'il est difficile aux hommes de ne pas outrer ce qui est bien, ils ont fait du plus naturel de tous les dons un jargon plein d'affectation. L'envie de briller leur a fait abandonner par réflexion le vrai et le solide, pour courir sans cesse après les allusions et les jeux d'imagination les plus frivoles; il semble qu'ils soient convenus de ne plus rien dire de suivi, et de ne saisir dans les choses que ce qu'elles ont de plaisant, et leur surface. Cet esprit, qu'ils croient si aimable, est sans doute bien éloigné de la nature, qui se plaît à se reposer sur les sujets qu'elle embellit, et trouve la variété dans la fécondité de ses lumières, bien plus que dans la diversité de ses objets. Un agrément si faux et si superficiel est un art ennemi du cœur et de l'esprit (1), qu'il resserre dans des bornes étroites; un art qui ôte la vie de tous les

(1) *Un agrément si faux*, etc. L'auteur veut parler sans doute ici de cette habitude et de ce talent qu'ont les gens du monde de

discours en bannissant le sentiment qui en est l'ame, et qui rend les conversations du monde aussi ennuyeuses qu'insensées et ridicules.

XII.

Du Goût.

Le goût est une aptitude à bien juger des objets du sentiment (1). Il faut donc avoir de l'ame pour avoir du goût ; il faut avoir aussi de la pénétration, parce que c'est l'intelligence qui remue le sentiment. Ce que l'esprit ne pénètre qu'avec peine, ne va pas souvent jusqu'au cœur, ou n'y fait qu'une impression faible ; c'est là ce qui fait que les choses qu'on ne peut saisir d'un coup d'œil, ne sont point du ressort du goût.

Le bon goût consiste dans un sentiment de la belle nature ; ceux qui n'ont pas un esprit naturel ne peuvent avoir le goût juste.

Toute vérité peut entrer dans un livre de

glacer tout sentiment par une plaisanterie, et de couper court à toute discussion sérieuse par une saillie heureuse, fondée sur quelques frivoles rapports de mots. S.

(1) *Le goût, etc.* Le goût ne porte-t-il pas aussi sur des objets qui ne sont pas de sentiment, mais du simple ressort de l'esprit? M.

Par *objets de sentiment,* l'auteur entend les choses qui se sentent et ne se raisonnent pas ; il le dit lui-même. Édit.

réflexion; mais, dans les ouvrages de goût(1), nous aimons que la vérité soit puisée dans la nature; nous ne voulons pas d'hypothèses; tout ce qui n'est qu'ingénieux est contre les règles du goût.

Comme il y a des degrés et des parties différentes dans l'esprit, il y en a de même dans le goût. Notre goût peut, je crois, s'étendre autant que notre intelligence; mais il est difficile qu'il passe au-delà. Cependant ceux qui ont une sorte de talent, se croient presque toujours un goût universel; ce qui les porte quelquefois jusqu'à juger des choses qui leur sont les plus étrangères. Mais cette présomption qu'on pourrait supporter dans les hommes qui ont des talens, se remarque aussi parmi ceux qui raisonnent des talens, et qui ont une teinture superficielle des règles du goût, dont ils font des applications tout-à-fait extraordinaires. C'est dans les grandes villes, plus que dans les autres, qu'on peut observer ce que je dis: elles sont peuplées de ces hommes suffisans qui ont assez d'éducation et d'habitude du

(1) *Mais dans les ouvrages de goût*, etc. Qu'est-ce que les ouvrages de goût? Sont-ce les ouvrages dont le goût seul doit juger? Mais il y en a de plusieurs sortes: pourquoi ce *qui n'est qu'ingénieux* en doit-il être banni? Ce qui n'est qu'ingénieux n'est pas vrai, et ce qui n'est pas vrai n'est bon nulle part; et où est la vérité qui ne soit pas *puisée dans la nature?* Toute cette pensée ne paraît pas nette. S.

monde, pour parler des choses qu'ils n'entendent point : aussi sont-elles le théâtre des plus impertinentes décisions; et c'est là que l'on verra mettre à côté des meilleurs ouvrages, une fade compilation des traits les plus brillans de morale et de goût, mêlés à des vieilles chansons et à d'autres extravagances, avec un style si bourgeois et si ridicule que cela fait mal au cœur.

Je crois que l'on peut dire sans témérité que le goût du grand nombre n'est pas juste : le cours déshonorant de tant d'ouvrages ridicules en est une preuve sensible. Ces écrits, il est vrai, ne se soutiennent pas; mais ceux qui les remplacent ne sont pas formés sur un meilleur modèle : l'inconstance apparente du public ne tombe que sur les auteurs. Cela vient de ce que les choses ne font d'impression sur nous que selon la proportion qu'elles ont avec notre esprit; tout ce qui est hors de notre sphère nous échappe, le bas, le naïf, le sublime, etc.

Il est vrai que les habiles réforment nos jugemens; mais ils ne peuvent changer notre goût, parce que l'ame a ses inclinations indépendantes de ses opinions; ce que l'on ne sent pas d'abord, on ne le sent que par degrés, comme l'on fait en jugeant (1). De là vient qu'on voit des ouvrages

(1) *Ce que l'on ne sent pas d'abord, on ne le sent que par*

critiqués du peuple, qui ne lui en plaisent pas moins; car il ne les critique que par réflexion, et il les goûte par sentiment.

Que les jugemens du public, épurés par le temps et par les maîtres, soient donc, si l'on veut, infaillibles; mais distinguons-les de son goût, qui paraît toujours récusable.

Je finis ces observations : on demande depuis long-temps s'il est possible de rendre raison des matières de sentiment : tous avouent que le sentiment ne peut se connaître que par expérience; mais il est donné aux habiles d'expliquer sans peine les causes cachées qui l'excitent. Cependant bien des gens de goût n'ont pas cette facilité, et nombre de dissertateurs qui raisonnent à l'infini, manquent du sentiment qui est la base des justes notions sur le goût.

degrés, comme l'on fait en jugeant. Il y a, je crois, beaucoup de gens capables de sentir par degrés ou lorsqu'on les en avertit, des choses qu'ils n'avaient pas senties d'abord. Mais cela est vrai plutôt des beautés que des défauts. On n'est jamais choqué du défaut qui n'a pas choqué d'abord; mais on peut, à force de réflexion, se transporter pour des beautés qu'on n'avait pas senties d'abord, parce qu'on n'avait pu en embrasser d'un coup d'œil tout le mérite. S.

XIII.

Du Langage et de l'Éloquence.

On peut dire en général de l'expression, qu'elle répond à la nature des idées, et par conséquent aux divers caractères de l'esprit.

Ce serait néanmoins une témérité de juger de tous les hommes par le langage. Il est rare peut-être de trouver une proportion exacte entre le don de penser et celui de s'exprimer. Les termes n'ont pas une liaison nécessaire avec les idées : on veut parler d'un homme qu'on connaît beaucoup ; dont le caractère, la figure, le maintien, tout est présent à l'esprit, hors son nom qu'on veut nommer, et qu'on ne peut rappeler ; de même de beaucoup de choses dont on a des idées fort nettes, mais que l'expression ne suit pas : de là vient que d'habiles gens manquent quelquefois de cette facilité à rendre leurs idées, que des hommes superficiels possèdent avec avantage.

La précision et la justesse du langage dépendent de la propriété des termes qu'on emploie.

La force ajoute à la justesse et à la brièveté ce qu'elle emprunte du sentiment : elle se caractérise d'ordinaire par le tour de l'expression.

La finesse emploie des termes qui laissent beaucoup à entendre.

La délicatesse cache sous le voile des paroles ce qu'il y a dans les choses de rebutant.

La noblesse a un air aisé, simple, précis, naturel.

Le sublime ajoute à la noblesse une force et une hauteur qui ébranlent l'esprit, qui l'étonnent et le jettent hors de lui-même; c'est l'expression la plus propre d'un sentiment élevé, ou d'une grande et surprenante idée.

On ne peut sentir le sublime d'une idée dans une faible expression; mais la magnificence des paroles avec de faibles idées est proprement du phébus : le sublime veut des pensées élevées, avec des expressions et des tours qui en soient dignes.

L'éloquence embrasse tous les divers caractères de l'élocution : peu d'ouvrages sont éloquens; mais on voit des traits d'éloquence semés dans plusieurs écrits.

Il y a une éloquence qui est dans les paroles, et qui consiste à rendre aisément et convenablement ce que l'on pense, de quelque nature qu'il soit; c'est là l'éloquence du monde. Il y en a une autre dans les idées mêmes et dans les sentimens, jointe à celle de l'expression : c'est la véritable.

On voit aussi des hommes que le monde échauffe, et d'autres qu'il refroidit. Les premiers ont besoin de la présence des objets : les autres d'être retirés et abandonnés à eux-mêmes : ceux-là sont éloquens dans leurs conversations, ceux-ci dans leurs compositions.

Un peu d'imagination et de mémoire, un esprit facile, suffisent pour parler avec élégance ; mais que de choses entrent dans l'éloquence ! le raisonnement et le sentiment, le naïf et le pathétique, l'ordre et le désordre, la force et la grâce, la douceur et la véhémence, etc.

Tout ce qu'on a jamais dit du prix de l'éloquence n'en est qu'une faible expression. Elle donne la vie à tout : dans les sciences, dans les affaires, dans la conversation, dans la composition, dans la recherche même des plaisirs, rien ne peut réussir sans elle. Elle se joue des passions des hommes, les émeut, les calme, les pousse, et les détermine à son gré : tout cède à sa voix ; elle seule enfin est capable de se célébrer dignement.

XIV.

De l'Invention.

Les hommes ne sauraient créer le fond des

choses ; ils le modifient. Inventer n'est donc pas créer la matière de ses inventions, mais lui donner la forme. Un architecte ne fait pas le marbre qu'il emploie à un édifice, il le dispose ; et l'idée de cette disposition, il l'emprunte encore de différens modèles qu'il fond dans son imagination, pour former un nouveau tout. De même un poëte ne crée pas les images de sa poésie ; il les prend dans le sein de la nature, et les applique à différentes choses pour les figurer aux sens : et encore le philosophe ; il saisit une vérité souvent ignorée, mais qui existe éternellement, pour joindre à une autre vérité, et pour en former un principe. Ainsi se produisent en différens genres les chefs-d'œuvre de la réflexion et de l'imagination. Tous ceux qui ont la vue assez bonne pour lire dans le sein de la nature, y découvrent, selon le caractère de leur esprit, ou le fond et l'enchaînement des vérités que les hommes effleurent, ou l'heureux rapport des images avec les vérités qu'elles embellissent. Les esprits qui ne peuvent pénétrer jusqu'à cette source féconde, qui n'ont pas assez de force et de justesse pour lier leurs sensations et leurs idées, donnent des fantômes sans vie, et prouvent, plus sensiblement que tous les philosophes, notre impuissance à créer.

Je ne blâme pas néanmoins ceux qui se servent de cette expression, pour caractériser avec plus de force le don d'inventer. Ce que j'ai dit se borne à faire voir que la nature doit être le modèle de nos inventions, et que ceux qui la quittent ou la méconnaissent ne peuvent rien faire de bien.

Savoir après cela pourquoi les hommes quelquefois médiocres excellent à des inventions où des hommes plus éclairés ne peuvent atteindre; c'est là le secret du génie, que je vais tâcher d'expliquer.

XV.

Du Génie et de l'Esprit.

Je crois qu'il n'y a point de génie sans activité. Je crois que le génie dépend en grande partie de nos passions. Je crois qu'il se forme du concours de beaucoup de différentes qualités, et des convenances secrètes de nos inclinations avec nos lumières. Lorsque quelqu'une des conditions nécessaires manque, le génie n'est point ou n'est qu'imparfait : et on lui conteste son nom.

Ce qui forme donc le génie des négociations, ou celui de la poésie, ou celui de la guerre, etc., ce n'est pas un seul don de la nature, comme on pourrait croire : ce sont plusieurs qualités, soit de l'esprit, soit du cœur, qui sont inséparablement et intimement réunies.

Ainsi l'imagination, l'enthousiasme, le talent de peindre, ne suffisent pas pour faire un poëte: il faut encore qu'il soit né avec une extrême sensibilité pour l'harmonie, avec le génie de sa langue, et l'art des vers.

Ainsi la prévoyance, la fécondité, la célérité de l'esprit sur les objets militaires, ne formeraient pas un grand capitaine, si la sécurité dans le péril, la vigueur du corps dans les opérations laborieuses du métier, et enfin une activité infatigable n'accompagnaient ses autres talens.

C'est la nécessité de ce concours de tant de qualités indépendantes les unes des autres, qui fait apparemment que le génie est toujours si rare. Il semble que c'est une espèce de hasard, quand la nature assortit ces divers mérites dans un même homme. Je dirais volontiers qu'il lui en coûte moins pour former un homme d'esprit, parce qu'il n'est pas besoin de mettre entre ses talens cette correspondance que veut le génie.

Cependant on rencontre quelquefois des gens d'esprit qui sont plus éclairés que d'assez beaux génies. Mais soit que leurs inclinations partagent leur application, soit que la faiblesse de leur ame les empêche d'employer la force de leur esprit, on voit qu'ils demeurent bien loin après ceux qui mettent toutes leurs ressources et toute leur activité en œuvre, en faveur d'un objet unique.

C'est cette chaleur du génie et cet amour de son objet, qui lui donnent d'imaginer et d'inventer sur cet objet même. Ainsi, selon la pente de leur ame et le caractère de leur esprit, les uns ont l'invention de style, les autres celle du raisonnement, ou l'art de former des systèmes. D'assez grands génies ne paraissent presque avoir eu que l'invention de détail : tel est Montaigne. La Fontaine, avec un génie bien différent de celui de ce philosophe, est néanmoins un autre exemple de ce que je dis. Descartes, au contraire, avait l'esprit systématique et l'invention de dessein. Mais il manquait, je crois, de l'imagination dans l'expression (1), qui embellit les pensées les plus communes.

A cette invention du génie est attaché, comme on sait, un caractère original, qui tantôt naît des expressions et des sentimens d'un auteur, tantôt de ses plans, de son art, de sa manière d'envisager et d'arranger les objets. Car un

(1) *Mais il manquait, je crois, de l'imagination,* etc. Mais il manquait bien davantage de la justesse d'esprit nécessaire pour faire un bon usage des mathématiques; voilà pourquoi il a dit tant de folies. V.

homme qui est maîtrisé par la pente de son esprit et par les impressions particulières et personnelles qu'il reçoit des choses, ne peut ni ne veut dérober son caractère à ceux qui l'épient.

Cependant il ne faut pas croire que ce caractère original doive exclure l'art d'imiter. Je ne connais point de grands hommes qui n'aient adopté des modèles. Rousseau a imité Marot; Corneille, Lucain et Sénèque; Bossuet, les prophètes; Racine, les Grecs et Virgile; et Montaigne dit quelque part qu'il y a en lui *une condition aucunement singeresse et imitatrice*. Mais ces grands hommes, en imitant, sont demeurés originaux, parce qu'ils avaient à peu près le même génie que ceux qu'ils prenaient pour modèles; de sorte qu'ils cultivaient leur propre caractère, sous ces maîtres qu'ils consultaient, et qu'ils surpassaient quelquefois: au lieu que ceux qui n'ont que de l'esprit, sont toujours de faibles copistes des meilleurs modèles, et n'atteignent jamais leur art. Preuve incontestable qu'il faut du génie pour bien imiter, et même un génie étendu pour prendre divers caractères: tant s'en faut que l'imagination donne l'exclusion au génie.

J'explique ces petits détails, pour rendre ce

chapitre plus complet, et non pour instruire les gens de lettres, qui ne peuvent les ignorer. J'ajouterai encore une réflexion en faveur des personnes moins savantes : c'est que le premier avantage du génie est de sentir et de concevoir plus vivement les objets de son ressort, que ces mêmes objets ne sont sentis et aperçus des autres hommes.

A l'égard de l'esprit, je dirai que ce mot n'a d'abord été inventé que pour signifier en général les différentes qualités que j'ai définies, la justesse, la profondeur, le jugement, etc. Mais parce que nul homme ne peut les rassembler toutes, chacune de ces qualités a prétendu s'approprier exclusivement le nom générique ; d'où sont nées des disputes très-frivoles ; car, au fond, il importe peu que ce soit la vivacité ou la justesse, ou telle autre partie de l'esprit qui emporte l'honneur de ce titre. Le nom ne peut rien pour les choses. La question n'est pas de savoir si c'est à l'imagination ou au bon sens qu'appartient le terme d'esprit. Le vrai intérêt, c'est de voir laquelle de ces qualités, ou des autres que j'ai nommées, doit nous inspirer plus d'estime. Il n'y en a aucune qui n'ait son utilité, et j'ose dire son agrément. Il ne serait peut-être pas difficile de juger s'il y en a de plus utiles, ou de plus aimables, ou de plus grandes les unes que les autres. Mais les hommes sont incapables de convenir entre eux du prix des moindres choses. La différence de leurs intérêts et de leurs lumières maintiendra éternellement la diversité de leurs opinions et la contrariété de leurs maximes.

XVI.

Du Caractère.

Tout ce qui forme l'esprit et le cœur, est compris dans le caractère (1). Le génie n'exprime que la convenance de certaines qualités (2); mais les contrariétés les plus bizarres entrent dans le même caractère et le constituent.

On dit d'un homme qu'il n'a point de caractère, lorsque les traits de son ame sont faibles, légers, changeans (3); mais cela même fait un

(1) *Tout ce qui forme*, etc. Il faut, je pense, *ce qui compose*; mais la maxime n'est pas claire et ne peut être juste. M.

(2) *Le génie n'exprime*, etc. Le génie est l'aptitude à exceller dans un art. V.

(3) *On dit d'un homme qu'il n'a point de caractère, lorsque les traits de son ame*, etc. Vauvenargues emploie ici figurément le mot de *traits*, dans le même sens où il l'emploie en parlant des traits du visage. C'est comme s'il disait : *la physionomie de son ame*. On dit fort bien que tel caractère a une physionomie particulière. Ceux dont parle Vauvenargues n'ont qu'une physionomie peu marquée et qui change à chaque instant. S.

caractère (1), et l'on s'entend bien là-dessus.

Les inégalités du caractère influent sur l'esprit; un homme est pénétrant, ou pesant, ou aimable, selon son humeur.

On confond souvent dans le caractère les qualités de l'âme et celles de l'esprit. Un homme est doux et facile, on le trouve insinuant; il a l'humeur vive et légère, on dit qu'il a l'esprit vif; il est distrait et rêveur, on croit qu'il a l'esprit lent et peu d'imagination. Le monde ne juge des choses que par leur écorce, c'est une chose qu'on dit tous les jours, mais que l'on ne sent pas assez. Quelques réflexions, en passant, sur les caractères les plus généraux, nous y feront faire attention.

XVII.

Du Sérieux.

Un des caractères les plus généraux, c'est le sérieux; mais combien de choses différentes n'a-t-il pas, et combien de caractères sont compris dans celui-ci? On est sérieux par tempérament, par trop ou trop peu de passions, trop ou trop

(1) *Cela même fait un caractère*, etc. Voltaire a ajouté de sa main, à la marge, comme un renvoi, avant le mot *caractère*, le mot *pauvre*. *Un (pauvre) caractère*. S.

peu d'idées, par timidité, par habitude, et par mille autres raisons.

L'extérieur (1) distingue tous ces divers caractères aux yeux d'un homme attentif.

Le sérieux d'un esprit tranquille porte un air doux et serein.

Le sérieux des passions ardentes est sauvage, sombre et allumé.

Le sérieux d'une ame abattue donne un extérieur languissant.

Le sérieux d'un homme stérile paraît froid, lâche et oisif.

Le sérieux de la gravité prend un air concerté comme elle.

Le sérieux de la distraction porte des dehors singuliers.

Le sérieux d'un homme timide n'a presque jamais de maintien.

Personne ne rejette en gros ces vérités; mais, faute de principes bien liés et bien conçus, la plupart des hommes sont dans le détail et dans leurs applications particulières, opposés les uns aux autres et à eux-mêmes; ils font voir la nécessité indispensable de bien manier les prin-

(1) Depuis ces mots, *l'extérieur distingue* jusqu'à ceux-ci *n'a presque jamais de maintien*, l'édition de Voltaire est marquée d'une accolade avec ces mots de sa main : *très-bien*. S.

cipes les plus familiers, et de les mettre tous ensemble sous un point de vue qui en découvre la fécondité et la liaison.

XVIII.

Du Sang-froid.

Nous prenons quelquefois pour le sang-froid une passion sérieuse et concentrée, qui fixe toutes les pensées d'un esprit ardent, et le rend insensible aux autres choses.

Le véritable sang-froid vient d'un sang doux, tempéré, et peu fertile en esprits. S'il coule avec trop de lenteur, il peut rendre l'esprit pesant; mais lorsqu'il est reçu par des organes faciles et bien conformés, la justesse, la réflexion, et une singularité aimable souvent l'accompagnent; nul esprit n'est plus désirable.

On parle encore d'un autre sang-froid que donne la force d'esprit, soutenue par l'expérience et de longues réflexions; sans doute c'est là le plus rare.

XIX.

De la Présence d'esprit.

La présence d'esprit se pourrait définir une aptitude à profiter des occasions pour parler ou pour agir. C'est un avantage qui a manqué souvent aux hommes les plus éclairés, qui demande un esprit facile, un sang-froid modéré, l'usage des affaires, et selon les différentes occurrences, divers avantages : de la mémoire et de la sagacité dans la dispute, de la sécurité dans les périls, et dans le monde, cette liberté de cœur, qui nous rend attentifs à tout ce qui s'y passe, et nous tient en état de profiter de tout, etc. (1).

XX.

De la Distraction.

Il y a une distraction assez semblable aux rêves du sommeil, qui est lorsque nos pensées flottent et se suivent d'elles-mêmes sans force et sans direction. Le mouvement des esprits se ralentit peu à peu; ils errent à l'aventure sur les traces du cerveau (2), et réveillent des idées sans suite et sans vérité; enfin les organes se ferment; nous ne formons plus que des songes, et c'est là proprement rêver les yeux ouverts.

Cette sorte de distraction est bien différente de

(1) Tout cet article est marqué d'une accolade dans l'édition de Voltaire, avec ces mots : *bon, très-bon*. S.

(2) *Sur les traces du cerveau*, etc. Sur les traces imprimées dans le cerveau. S.

celle où jette la méditation. L'ame obsédée, dans la méditation, d'un objet qui fixe sa vue et la remplit toute entière, agit beaucoup dans ce repos. C'est un état tout opposé; cependant elle y tombe ensuite épuisée par ses réflexions.

XXI.

De l'Esprit du jeu.

C'est une manière de génie (1) que l'esprit du jeu, puisqu'il dépend également de l'ame et de l'intelligence. Un homme que la perte trouble ou intimide, que le gain rend trop hasardeux, un homme avare, ne sont pas plus faits pour jouer, que ceux qui ne peuvent atteindre à l'esprit de combinaison. Il faut donc un certain degré de lumière et de sentiment, l'art des combinaisons, le goût du jeu, et l'amour mesuré du gain.

On s'étonne à tort que des sots possèdent ce faible avantage. L'habitude et l'amour du jeu, qui tournent toute leur application et leur mémoire de se seul côté, suppléent l'esprit qui leur manque.

(1) *C'est une manière de génie*, etc. *Manière*, expression négligée et mal assortie. J'aimerais mieux *sorte* ou *espèce*. M.

LIVRE DEUXIÈME.

XXII.

Des Passions.

Toutes les passions roulent sur le plaisir et la douleur, comme dit M. Locke : c'en est l'essence et le fonds.

Nous éprouvons, en naissant, ces deux états : le plaisir, parce qu'il est naturellement attaché à être; la douleur, parce qu'elle tient à être imparfaitement (1).

Si notre existence était parfaite, nous ne connaîtrions que le plaisir. Étant imparfaite, nous devons connaître le plaisir et la douleur; or c'est de l'expérience de ces deux contraires que nous tirons l'idée du bien et du mal.

Mais comme le plaisir et la douleur ne viennent

(1) *Nous éprouvons*, etc. Je ne sais si on peut dire éprouver un état. On éprouve une impression qui passe. *Être imparfaitement* n'explique pas ce que c'est qu'*être douloureusement*. M.

Le plaisir n'est pas naturellement attaché à être, car on existe souvent sans plaisir ni douleur. *Être imparfaitement* donnerait plutôt l'idée du *désir* que de la *douleur*. S.

pas à tous les hommes par les mêmes choses, ils attachent à divers objets l'idée du bien et du mal : chacun selon son expérience, ses passions, ses opinions, etc.

Il n'y a cependant que deux organes de nos biens et de nos maux : les sens et la réflexion.

Les impressions qui viennent par les sens sont immédiates et ne peuvent se définir ; on n'en connaît pas les ressorts ; elles sont l'effet du rapport qui est entre les choses et nous ; mais ce rapport secret ne nous est pas connu.

Les passions qui viennent par l'organe de la réflexion sont moins ignorées. Elles ont leur principe dans l'amour de l'être ou de la perfection de l'être, ou dans le sentiment de son imperfection et de son dépérissement.

Nous tirons de l'expérience de notre être une idée de grandeur, de plaisir, de puissance, que nous voudrions toujours augmenter: nous prenons dans l'imperfection de notre être une idée de petitesse, de sujétion, de misère, que nous tâchons d'étouffer : voilà toutes nos passions.

Il y a des hommes en qui le sentiment de l'être est plus fort que celui de leur imperfection ; de là l'enjouement, la douceur, la modération des désirs.

Il y en a d'autres en qui le sentiment de leur

imperfection est plus vif que celui de l'être; de là l'inquiétude, la mélancolie, etc.

De ces deux sentimens unis, c'est-à-dire, celui de nos forces et celui de notre misère, naissent les plus grandes passions; parce que le sentiment de nos misères nous pousse à sortir de nous-mêmes, et que le sentiment de nos ressources nous y encourage et nous porte par l'espérance (1). Mais ceux qui ne sentent que leur misère sans leur force, ne se passionnent jamais autant, car ils n'osent rien espérer; ni ceux qui ne sentent que leur force sans leur impuissance, car ils ont trop peu à désirer: ainsi il faut un mélange de courage et de faiblesse, de tristesse et de présomption. Or, cela dépend de la chaleur du sang et des esprits; et la réflexion qui modère les velléités des gens froids, encourage l'ardeur des autres, en leur fournissant des ressources qui nourrissent leurs illusions : d'où vient que les passions des hommes d'un esprit profond sont plus opiniâtres et plus invincibles, car ils ne sont pas obligés de s'en distraire comme le reste des hommes, par épuisement de pensées ; mais leurs réflexions, au contraire, sont un entretien

(1) *Nous porte par l'espérance*, etc. Il semble qu'il faudrait *nous y porte* (à sortir de nous-mêmes). Autrement *porte* serait employé là d'une manière qui n'est pas commune. M.

éternel à leurs désirs, qui les échauffe; et cela explique encore pourquoi ceux qui pensent peu, ou qui ne sauraient penser long-temps de suite sur la même chose, n'ont que l'inconstance en partage.

XXIII.

De la Gaieté, de la Joie, de la Mélancolie.

Le premier degré du sentiment agréable de notre existence est la gaieté : la joie est un sentiment plus pénétrant. Les hommes enjoués n'étant pas d'ordinaire si ardens que le reste des hommes, ils ne sont peut-être pas capables des plus vives joies; mais les grandes joies durent peu, et laissent notre ame épuisée.

La gaieté, plus proportionnée à notre faiblesse que la joie, nous rend confians et hardis, donne un être et un intérêt aux choses les moins importantes, fait que nous nous plaisons par instinct en nous-mêmes, dans nos possessions, nos entours, notre esprit, notre suffisance, malgré d'assez grandes misères.

Cette intime satisfaction nous conduit quelquefois à nous estimer nous-mêmes, par de très-frivoles endroits; et il me semble que les personnes enjouées sont ordinairement un peu plus vaines que les autres.

D'autre part, les mélancoliques sont ardens, timides, inquiets, et ne se sauvent, la plupart, de la vanité, que par l'ambition et l'orgueil.

XXIV.

De l'Amour-propre et de l'Amour de nous-mêmes.

L'amour est une complaisance dans l'objet aimé. Aimer une chose, c'est se complaire dans sa possession, sa grâce, son accroissement, craindre sa privation, ses déchéances, etc.

Plusieurs philosophes rapportent généralement à l'amour-propre toute sorte d'attachemens. Ils prétendent qu'on s'approprie tout ce que l'on aime, qu'on n'y cherche que son plaisir et sa propre satisfaction, qu'on se met soi-même avant tout; jusque-là qu'ils nient que celui qui donne sa vie pour un autre, le préfère à soi. Ils passent le but en ce point; car si l'objet de notre amour nous est plus cher sans l'être, que l'être sans l'objet de notre amour, il paraît que c'est notre amour qui est notre passion dominante, et non notre individu propre; puisque tout nous échappe avec la vie, le bien que nous nous étions approprié par notre amour, comme notre être véritable. Ils répondent que la passion nous fait confondre dans ce sacrifice notre vie et celle de l'objet aimé; que nous croyons n'abandonner qu'une partie de nous-mêmes pour conserver l'autre : au moins ils ne peuvent nier que celle que nous conservons nous paraît plus considérable que celle que nous abandonnons. Or, dès que nous nous regardons comme la moindre partie dans le tout, c'est une préférence manifeste de l'objet aimé. On peut dire la même chose d'un homme qui, volontairement et de sang-froid, meurt pour la gloire; la vie imaginaire qu'il achète au prix de son être réel, est une préférence bien incontestable de la gloire, et qui justifie la distinction que quelques écrivains ont mise avec sagesse entre l'amour-propre et l'amour de nous-mêmes. Ceux-ci conviennent bien que l'amour de nous-mêmes entre dans toutes nos passions; mais ils distinguent cet amour de l'autre. Avec l'amour de nous-mêmes, disent-ils, on peut chercher hors de soi son bonheur; on peut s'aimer hors de soi davantage que son existence propre (1); on n'est point à soi-même son unique objet. L'amour-propre, au contraire, subordonne tout à ses commodités et

(1) *On peut s'aimer hors de soi davantage que son existence propre*. Cela n'est pas correct. *Davantage* est un adverbe de comparaison, mais qui s'emploie absolument, sans être suivi de la conjonction *que*. Lorsque cette conjonction est nécessaire, il faut substituer *plus* à *davantage*. Il y a dans l'ouvrage de Vau-

à son bien-être(1) ; il est à lui-même son seul objet et sa seule fin : de sorte qu'au lieu que les passions, qui viennent de l'amour de nous-mêmes, nous donnent aux choses, l'amour-propre veut que les choses se donnent à nous, et se fait le centre de tout.

Rien ne caractérise donc l'amour-propre, comme la complaisance qu'on a dans soi-même et les choses qu'on s'approprie.

L'orgueil est un effet de cette complaisance. Comme on n'estime généralement les chosesqu'autant qu'elles plaisent, et que nous nous plaisons si souvent à nous-mêmes devant toutes choses ; de là ces comparaisons toujours injustes, qu'on fait de soi-même à autrui, et qui fondent tout notre orgueil.

Mais les prétendus avantages pour lesquels

venargues plusieurs autres incorrections que nous n'avons pas cru devoir relever ; nous remarquons celle-ci, parce que d'assez bons écrivains ont commis la même faute. S.

(1) *L'amour-propre, au contraire, subordonne tout à ses commodités et à son bien-être.* Cette manière de distinguer l'*amour de nous-mêmes* de l'*amour-propre*, paraît plus subtile que juste ; et ce que Vauvenargues applique ici à l'amour-propre, serait plutôt le caractère de ce qu'on entend par le mot *égoïsme*. Ce qu'on exprime communément par le mot d'*amour-propre*, c'est l'*amour* des choses qui nous sont *propres*, la complaisance pour nos qualités ou nos avantages personnels, plutôt que l'attention au bien-être de notre personne. S.

nous nous estimons étant grandement variés, nous les désignons par les noms que nous leur avons rendus propres. L'orgueil qui vient d'une confiance aveugle dans nos forces, nous l'avons nommé présomption; celui qui s'attache à de petites choses, vanité; celui qui est courageux, fierté.

Tout ce qu'on ressent de plaisir en s'appropriant quelque chose, richesse, agrément, héritage, etc., et ce qu'on éprouve de peine par la perte des mêmes biens, ou la crainte de quelque mal, la peur, le dépit, la colère, tout cela vient de l'amour-propre.

L'amour-propre se mêle à presque tous nos sentimens, ou du moins l'amour de nous-mêmes; mais, pour prévenir l'embarras que feraient naître les disputes qu'on a sur ces termes, j'use d'expressions synonymes, qui me semblent moins équivoques. Ainsi je rapporte tous nos sentimens à celui de nos perfections et de notre imperfection : ces deux grands principes nous portent de concert à aimer, estimer, conserver, agrandir et défendre du mal notre frêle existence. C'est la source de tous nos plaisirs et déplaisirs, et la cause féconde des passions qui viennent par l'organe de la réflexion.

Tâchons d'approfondir les principales : nous

suivrons plus aisément la trace des petites, qui ne sont que des dépendances et des branches de celles-ci.

XXV.

De l'Ambition.

L'instinct qui nous porte à nous agrandir n'est aucune part si sensible que dans l'ambition (1); mais il ne faut pas confondre tous les ambitieux. Les uns attachent la grandeur solide à l'autorité des emplois; les autres aux grandes richesses; les autres au faste des titres, etc.: plusieurs vont à leur but sans nul choix des moyens; quelques uns par de grandes choses, et d'autres par les plus petites: ainsi telle ambition est vice; telle, vertu; telle, vigueur d'esprit; telle, égarement et bassesse, etc.

Toutes les passions prennent le tour de notre caractère. Nous avons vu ailleurs que l'ame influait beaucoup sur l'esprit; l'esprit influe aussi sur l'ame. C'est de l'ame que viennent tous les sentimens; mais c'est par les organes de l'esprit que passent les objets qui les excitent. Selon les

(1) *L'instinct qui nous porte à nous agrandir n'est aucune part si sensible que dans l'ambition. Aucune part* pour *nulle part,* expression négligée. S.

couleurs qu'il leur donne, selon qu'il les pénètre, qu'il les embellit, qu'il les déguise, l'ame les rebute ou s'y attache. Quand donc même on ignorerait que tous les hommes ne sont pas égaux par le cœur, il suffit de savoir qu'ils envisagent les choses selon leurs lumières, peut-être encore plus inégales, pour comprendre la différence qui distingue les passions même qu'on désigne du même nom. Si différemment partagés par l'esprit et les sentimens, ils s'attachent au même objet sans aller au même intérêt (1); et cela n'est pas seulement vrai des ambitieux, mais aussi de toute passion.

XXVI.

De l'Amour du monde.

Que de choses sont comprises dans l'amour du monde! le libertinage, le désir de plaire, l'envie de primer, etc.; l'amour du sensible et du grand ne sont nulle part si mêlés (2).

(1) *Ils s'attachent au même objet sans aller au même intérêt.* C'est-à-dire, sans voir de même l'objet où ils s'attachent, et sans y être portés par le même intérêt. Deux hommes veulent la même place, l'un pour l'argent et l'autre pour le crédit. Deux amans recherchent la même femme, l'un pour sa figure et l'autre pour son esprit, etc. S.

(2) *L'amour du sensible et du grand ne sont nulle part si*

Le génie et l'activité portent les hommes à la vertu et à la gloire : les petits talens, la paresse, le goût des plaisirs, la gaieté et la vanité les fixent aux petites choses : mais en tout c'est le même instinct ; et l'amour du monde renferme de vives semences de presque toutes les passions.

XXVII.

Sur l'Amour de la gloire.

La gloire nous donne sur les cœurs une autorité naturelle, qui nous touche, sans doute, autant que nulle de nos sensations, et nous étourdit plus sur nos misères qu'une vaine dissipation : elle est donc réelle en tous sens.

Ceux qui parlent de son néant inévitable, soutiendraient peut-être avec peine le mépris ouvert d'un seul homme. Le vide des grandes passions est rempli par le grand nombre des petites : les contempteurs de la gloire se piquent de bien danser, ou de quelque misère encore plus basse. Ils sont si aveugles qu'ils ne sentent pas que c'est la gloire qu'ils cherchent si curieusement,

mêlés. C'est-à-dire, je crois selon la manière de voir de Vauvenargues, *les penchans physiques et les sentimens moraux*. D'autant que dans la première édition, il ajoutait : *je parle d'un grand, mesuré à l'esprit et au cœur qu'il touche*. Dans tous les cas cela n'est pas clair. S.

et si vains qu'ils osent la mettre dans les choses les plus frivoles. La gloire, disent-ils, n'est ni vertu, ni mérite; ils raisonnent bien en cela: elle n'est que leur récompense; mais elle nous excite donc au travail et à la vertu, et nous rend souvent estimables afin de nous faire estimer.

Tout est très-abject dans les hommes, la vertu, la gloire, la vie; mais les plus petits ont des proportions reconnues. Le chêne est un grand arbre près du cerisier; ainsi les hommes à l'égard les uns des autres. Quelles sont les vertus et les inclinations de ceux qui méprisent la gloire? L'ont-ils méritée?

XXVIII.

De l'Amour des sciences et des lettres.

La passion de la gloire et la passion des sciences se ressemblent dans leur principe; car elles viennent l'une et l'autre du sentiment de notre vide et de notre imperfection. Mais l'une voudrait se former comme un nouvel être hors de nous, et l'autre s'attache à étendre et à cultiver notre fonds. Ainsi la passion de la gloire veut nous agrandir au dehors, et celle des sciences au dedans.

On ne peut avoir l'ame grande, ou l'esprit

un peu pénétrant, sans quelque passion pour les lettres. Les arts sont consacrés à peindre les traits de la belle nature; les sciences à la vérité. Les arts et les sciences embrassent tout ce qu'il y a dans la pensée de noble ou d'utile; de sorte qu'il ne reste à ceux qui les rejettent, que ce qui est indigne d'être peint ou enseigné, etc.

La plupart des hommes honorent les lettres (1) comme la religion et la vertu; c'est-à-dire, comme une chose qu'ils ne peuvent ni connaître, ni pratiquer, ni aimer.

Personne néanmoins n'ignore que les bons livres sont l'essence des meilleurs esprits, le précis de leurs connaissances, et le fruit de leurs longues veilles. L'étude d'une vie entière s'y peut recueillir dans quelques heures; c'est un grand secours.

Deux inconvéniens sont à craindre dans cette passion : le mauvais choix et l'excès. Quant au mauvais choix, il est probable que ceux qui s'attachent à des connaissances peu utiles ne

(1) *La plupart des hommes honorent les lettres comme la religion et la vertu.* Il faut : *comme ils honorent.* On avait copié cette pensée dans l'Encyclopédie, sans en citer l'auteur. Les journalistes de Trévoux, qui avaient fort loué l'ouvrage de Vauvenargues lorsqu'il parut, firent un crime de cette maxime aux encyclopédistes. M.

seraient pas propres aux autres ; mais l'excès se peut corriger.

Si nous étions sages, nous nous bornerions à un petit nombre de connaissances, afin de les mieux posséder. Nous tâcherions de nous les rendre familières et de les réduire en pratique : la plus longue et la plus laborieuse théorie n'éclaire qu'imparfaitement. Un homme qui n'aurait jamais dansé posséderait inutilement les règles de la danse ; il en est sans doute de même des métiers d'esprit (1).

Je dirai bien plus ; rarement l'étude est utile, lorsqu'elle n'est pas accompagnée du commerce du monde. Il ne faut pas séparer ces deux choses : l'une nous apprend à penser, l'autre à agir ; l'une à parler, l'autre à écrire ; l'une à disposer nos actions, l'autre à les rendre faciles.

L'usage du monde nous donne encore de penser naturellement, et l'habitude des sciences, de penser profondément.

Par une suite naturelle de ces vérités, ceux qui sont privés de l'un et l'autre avantage par leur condition, fournissent une preuve incontestable de l'indigence naturelle de l'esprit humain. Un vigneron, un couvreur, resserrés

(1) *Il en est sans doute de même des métiers d'esprit.* Il faudrait, ce semble, *des métiers de l'esprit.* M.

dans un petit cercle d'idées très-communes, connaissent à peine les plus grossiers usages de la raison, et n'exercent leur jugement, supposé qu'ils en aient reçu de la nature, que sur des objets très-palpables. Je sais bien que l'éducation ne peut suppléer le génie; je n'ignore pas que les dons de la nature valent mieux que les dons de l'art (1): cependant l'art est nécessaire pour faire fleurir les talens. Un beau naturel négligé ne porte jamais de fruits mûrs.

Peut-on regarder comme un bien un génie à peu près stérile? Que servent à un grand seigneur les domaines qu'il laisse en friche? Est-il riche de ces champs incultes?

XXIX.

De l'Avarice.

Ceux qui n'aiment l'argent que pour la dépense ne sont pas véritablement avares. L'avarice est une extrême défiance des événemens, qui cherche à s'assurer contre les instabilités

(1) *Je n'ignore pas que les dons de la nature valent mieux que les dons de l'art.* Je ne sais si l'on peut dire les dons de l'art comme les dons de la nature. La nature donne, dote, doue; l'art ne fait rien de tout cela : il vend et ne donne pas, et l'on achète ses biens avec l'étude et le travail. M.

de la fortune par une excessive prévoyance, et manifeste cet instinct avide, qui nous sollicite d'accroître, d'étayer, d'affermir notre être. Basse et déplorable manie, qui n'exige ni connaissance, ni vigueur d'esprit, ni jeunesse, et qui prend par cette raison, dans la défaillance des sens, la place des autres passions.

XXX.

De la Passion du jeu.

Quoique j'aie dit que l'avarice naît d'une défiance ridicule des événemens de la fortune, et qu'il semble que l'amour du jeu vienne au contraire d'une ridicule confiance aux mêmes événemens, je ne laisse pas de croire qu'il y a des joueurs avares et qui ne sont confians qu'au jeu; encore ont-ils, comme on dit, un jeu timide et serré.

Des commencemens souvent heureux remplissent l'esprit des joueurs de l'idée d'un gain très-rapide, qui paraît toujours sous leurs mains: cela détermine.

Par combien de motifs d'ailleurs n'est-on pas porté à jouer? par cupidité, par amour du faste, par goût des plaisirs, etc. Il suffit donc d'aimer quelqu'une de ces choses pour aimer le jeu;

c'est une ressource pour les acquérir, hasardeuse à la vérité, mais propre à toute sorte d'hommes, pauvres, riches, faibles, malades, jeunes et vieux, ignorans et savans, sots et habiles, etc.; aussi n'y a-t-il point de passion plus commune que celle-ci.

XXXI.

De la Passion des exercices.

Il y a dans la passion des exercices un plaisir pour les sens, et un plaisir pour l'ame. Les sens sont flattés d'agir, de galoper un cheval (1), d'entendre un bruit de chasse dans une forêt; l'ame jouit de la justesse de ses sens, de la force et de l'adresse de son corps, etc. Aux yeux d'un philosophe qui médite dans son cabinet, cette gloire est bien puérile; mais, dans l'ébranlement de l'exercice, on ne scrute pas tant les choses. En approfondissant les hommes, on rencontre des vérités humiliantes, mais incontestables.

Vous voyez l'ame d'un pêcheur qui se détache en quelque sorte de son corps pour suivre un poisson sous les eaux, et le pousser au piége que sa main lui tend. Qui croirait qu'elle s'applaudit

(1) *Les sens sont flattés d'agir, de galoper un cheval.* Négligé. Les sens ne galopent pas un cheval. M.

de la défaite du faible animal, et triomphe au fond du filet? Toutefois rien n'est si sensible.

Un grand, à la chasse, aime mieux tuer un sanglier qu'une hirondelle: par quelle raison? Tous la voient.

XXXII.

De l'Amour paternel.

L'amour paternel ne diffère pas de l'amour-propre. Un enfant ne subsiste que par ses parens, dépend d'eux, vient d'eux, leur doit tout; ils n'ont rien qui leur soit si propre.

Aussi un père ne sépare point l'idée d'un fils de la sienne, à moins que le fils n'affaiblisse cette idée de propriété par quelque contradiction; mais plus un père s'irrite de cette contradiction, plus il s'afflige, plus il prouve ce que je dis.

XXXIII.

De l'Amour filial et fraternel.

Comme les enfans n'ont nul droit sur la volonté de leurs pères, la leur étant au contraire toujours combattue, cela leur fait sentir qu'ils sont des êtres à part, et ne peut pas leur inspirer de l'amour-propre; parce que la propriété ne saurait être du côté de la dépendance : cela est visible. C'est par cette raison que la tendresse des enfans n'est pas aussi vive que celle des pères; mais les lois ont pourvu à cet inconvénient. Elles sont un garant au père contre l'ingratitude des enfans, comme la nature est aux enfans un otage assuré contre l'abus des lois. Il était juste d'assurer à la vieillesse les secours qu'elle avait prêtés à la faiblesse de l'enfance.

La reconnaissance prévient, dans les enfans bien nés, ce que le devoir leur impose. Il est dans la saine nature d'aimer ceux qui nous aiment et nous protègent; et l'habitude d'une juste dépendance en fait perdre le sentiment : mais il suffit d'être homme pour être bon père; et si l'on n'est homme de bien, il est rare qu'on soit bon fils.

Du reste, qu'on mette à la place de ce que je dis, la sympathie ou le sang, et qu'on me fasse entendre pourquoi le sang ne parle pas autant dans les enfans que dans les pères; pourquoi la sympathie périt quand la soumission diminue; pourquoi des frères souvent se haïssent sur des fondemens si légers, etc.

Mais quel est donc le nœud de l'amitié des frères? Une fortune, un nom communs; même naissance et même éducation; quelquefois même caractère; enfin l'habitude de se regarder comme appartenant les uns aux autres, et comme n'ayant qu'un seul être. Voilà ce qui fait que l'on s'aime, voilà l'amour-propre; mais trouvez le moyen de séparer des frères d'intérêt, l'amitié lui survit à peine; l'amour-propre qui en était le fonds, se porte vers d'autres objets.

XXXIV.

De l'Amour que l'on a pour les bêtes.

Il peut entrer quelque chose qui flatte les sens dans le goût qu'on nourrit pour certains animaux, quand ils nous appartiennent. J'ai toujours pensé qu'il s'y mêle de l'amour-propre : rien n'est si ridicule à dire, et je suis fâché qu'il soit vrai (1); mais nous sommes si vides, que, s'il s'offre à nous la moindre ombre de propriété, nous nous y attachons aussitôt. Nous prêtons à un perroquet des pensées et des sentimens; nous nous figurons qu'il nous aime, qu'il nous craint, qu'il sent nos faveurs, etc. Ainsi nous aimons l'avantage que nous nous accordons sur lui. Quel empire! mais c'est là l'homme.

(1) *Rien n'est si ridicule à dire, et je suis fâché qu'il soit vrai.* C'est la seconde fois qu'on relève cette façon de parler, *qu'il soit vrai,* pour *que cela soit vrai :* c'est une faute. S.

XXXV.

De l'Amitié.

C'est l'insuffisance de notre être qui fait naître l'amitié, et c'est l'insuffisance de l'amitié même, qui la fait périr.

Est-on seul? on sent sa misère, on sent qu'on a besoin d'appui; on cherche un fauteur de ses goûts, un compagnon de ses plaisirs et de ses peines; on veut un homme dont on puisse posséder le cœur et la pensée. Alors l'amitié paraît être ce qu'il y a de plus doux au monde. A-t-on ce qu'on a souhaité, on change bientôt de pensée.

Lorsqu'on voit de loin quelque bien, il fixe d'abord nos désirs; et lorsqu'on y parvient, on en sent le néant. Notre ame, dont il arrêtait la vue dans l'éloignement, ne saurait s'y reposer quand elle voit au-delà : ainsi l'amitié, qui de loin bornait toutes nos prétentions, cesse de les borner de près; elle ne remplit pas le vide qu'elle avait promis de remplir; elle nous laisse des besoins qui nous distraient et nous portent vers d'autres biens.

Alors on se néglige, on devient difficile, on exige bientôt comme un tribut les complaisances qu'on avait d'abord reçues comme un don. C'est le caractère des hommes de s'approprier peu à peu jusqu'aux grâces dont ils jouissent; une longue possession les accoutume naturellement à regarder les choses qu'ils possèdent comme eux; ainsi l'habitude les persuade qu'ils ont un droit naturel sur la volonté de leurs amis (1). Ils voudraient s'en former un titre pour les gouverner; lorsque ces prétentions sont réciproques, comme on voit souvent (2), l'amour-propre s'irrite, et crie des deux côtés, produit de l'aigreur, des froideurs, et d'amères explications, etc.

On se trouve aussi quelquefois mutuellement des défauts qu'on s'était cachés; ou l'on tombe dans des passions qui dégoûtent de l'amitié, comme les maladies violentes dégoûtent des plus doux plaisirs.

Aussi les hommes les plus extrêmes ne sont pas les plus capables d'une constante amitié. On ne la trouve nulle part si vive et si solide que dans les esprits timides et sérieux, dont l'ame modérée connaît la vertu; car elle soulage leur cœur oppressé sous le mystère et sous le poids du

(1) *L'habitude les persuade qu'ils ont un droit naturel sur la volonté de leurs amis*. Il faut, je crois, *leur persuade*. S.

(2) *Lorsque ces prétentions sont réciproques, comme on voit souvent, l'amour-propre s'irrite*. Il faudrait *comme on* le *voit souvent*. S.

secret, détend leur esprit, l'élargit, les rend plus confians et plus vifs, se mêle à leurs amusemens, à leurs affaires et à leurs plaisirs mystérieux : c'est l'ame de toute leur vie.

Les jeunes gens sont aussi très-sensibles et très-confians ; mais la vivacité de leurs passions les distrait et les rend volages. La sensibilité et la confiance sont usées dans les vieillards ; mais le besoin les rapproche, et la raison est leur lien ; les uns aiment plus tendrement, les autres plus solidement.

Le devoir de l'amitié s'étend plus loin qu'on ne croit : nous suivons notre ami dans ses disgrâces ; mais dans ses faiblesses, nous l'abandonnons : c'est être plus faible que lui.

Quiconque se cache, obligé d'avouer les défauts des siens, fait voir sa bassesse (1). Êtes-vous exempt de ces vices ? déclarez-vous donc hautement ; prenez sous votre protection la faiblesse des malheureux ; vous ne risquez rien en cela : mais il n'y a que les grandes ames qui osent se montrer ainsi. Les faibles se désavouent les uns les autres,

(1) *Quiconque se cache, obligé d'avouer les défauts des siens, fait voir sa bassesse.* Toute cette pensée est mal exprimée et obscure. *Quiconque se cache d'avoir des amis dont il est obligé d'avouer les défauts, fait voir sa bassesse.* Je crois que c'est ainsi qu'il faut l'expliquer. M.

se sacrifient lâchement aux jugemens souvent injustes du public, ils n'ont pas de quoi résister, etc.

XXXVI.

De l'Amour.

Il entre ordinairement beaucoup de sympathie dans l'amour, c'est-à-dire, une inclination dont les sens forment le nœud; mais, quoiqu'ils en forment le nœud, ils n'en sont pas toujours l'intérêt principal; il n'est pas impossible qu'il y ait un amour exempt de grossièreté.

Les mêmes passions sont bien différentes dans les hommes. Le même objet peut leur plaire par des endroits opposés. Je suppose que plusieurs hommes s'attachent à la même femme; les uns l'aiment pour son esprit, les autres pour sa vertu, les autres pour ses défauts, etc.; et il se peut faire encore que tous l'aiment pour des choses qu'elle n'a pas, comme lorsque l'on aime une femme légère que l'on croit solide. N'importe; on s'attache à l'idée qu'on se plaît à s'en figurer, ce n'est même que cette idée que l'on aime, ce n'est pas la femme légère. Ainsi l'objet des passions n'est pas ce qui les dégrade ou ce qui les ennoblit, mais la manière dont on envisage cet objet. Or j'ai dit qu'il était possible que l'on cherchât dans l'amour quelque chose de plus que l'intérêt de nos sens. Voici ce qui me le fait croire. Je vois tous les jours dans le monde qu'un homme environné de femmes auxquelles il n'a jamais parlé, comme à la messe, au sermon, ne se décide pas toujours pour celle qui est la plus jolie, et qui même lui paraît telle. Quelle est la raison de cela? c'est que chaque beauté exprime un caractère tout particulier, et celui qui entre le plus dans le nôtre, nous le préférons. C'est donc le caractère qui nous détermine quelquefois; c'est donc l'ame que nous cherchons : on ne peut me nier cela. Donc tout ce qui s'offre à nos sens ne nous plaît alors que comme une image de ce qui se cache à leur vue; donc nous n'aimons alors les qualités sensibles que comme les organes de notre plaisir, et avec subordination aux qualités insensibles dont elles sont l'expression; donc il est au moins vrai que l'ame est ce qui nous touche le plus. Or ce n'est pas aux sens que l'ame est agréable, mais à l'esprit : ainsi l'intérêt de l'esprit devient l'intérêt principal, et si celui des sens lui était opposé, nous le lui sacrifierions. On n'a donc qu'à nous persuader qu'il lui est vraiment opposé, qu'il est une tache pour l'ame. Voilà l'amour pur.

Amour cependant véritable, qu'on ne saurait

confondre avec l'amitié ; car, dans l'amitié, c'est l'esprit qui est l'organe du sentiment ; ici ce sont les sens. Et comme les idées qui viennent par les sens sont infiniment plus puissantes que les vues de la réflexion, ce qu'elles inspirent est passion. L'amitié ne va pas si loin ; et malgré tout cela, je ne décide pas ; je le laisse à ceux qui ont blanchi sur ces importantes questions.

XXXVII.

De la Physionomie.

La physionomie est l'expression du caractère et celle du tempérament. Une sotte physionomie est celle qui n'exprime que la complexion, comme un tempérament robuste, etc. ; mais il ne faut jamais juger sur la physionomie : car il y a tant de traits mâles sur le visage et dans le maintien des hommes, que cela peut souvent confondre ; sans parler des accidens qui défigurent les traits naturels, et qui empêchent que l'ame ne s'y manifeste, comme la petite-vérole, la maigreur, etc.

On pourrait conjecturer plutôt sur le caractère des hommes, par l'agrément qu'ils attachent à de certaines figures qui répondent à leurs passions ; mais encore s'y tromperait-on (1).

(1) *On pourrait conjecturer plutôt sur le caractère des*

XXXVIII.

De la Pitié.

La pitié n'est qu'un sentiment mêlé de tristesse et d'amour (1); je ne pense pas qu'elle ait besoin d'être excitée par un retour sur nous-mêmes, comme on le croit. Pourquoi la misère ne pourrait-elle sur notre cœur ce que fait la vue d'une plaie sur nos sens? N'y a-t-il pas des choses qui affectent immédiatement l'esprit? L'impression des nouveautés ne prévient-elle pas toujours nos réflexions? Notre ame est-elle incapable d'un sentiment désintéressé?

hommes, par l'agrément qu'ils attachent à de certaines figures qui répondent à leurs passions. Cette phrase est obscure et négligée. Il faudrait, ce semble, *conjecturer du caractère.* M.

(1) *La pitié n'est qu'un sentiment mêlé de tristesse et d'amour.* Vauvenargues entend ici par *amour,* toute disposition qui nous porte vers un objet; comme il entend par *haine,* toute disposition qui nous en éloigne. Autrement il serait impossible d'expliquer le chapitre suivant, où il dit qu'*il y a peu de passions où il n'entre de l'amour et de la haine;* que *le mépris est un sentiment mêlé de haine et d'orgueil.* S.

XXXIX.

De la Haine.

La haine est une déplaisance dans l'objet haï (1). C'est une tristesse qui nous donne, pour la cause qui l'excite, une secrète aversion : on appelle cette tristesse jalousie, lorsqu'elle est un effet du sentiment de nos désavantages comparés au bien de quelqu'un. Quand il se joint à cette jalousie de la haine et une volonté de vengeance dissimulée par faiblesse, c'est envie.

Il y a peu de passions où il n'entre de l'amour ou de la haine. La colère n'est qu'une aversion subite et violente, enflammée d'un désir aveugle de vengeance.

L'indignation, un sentiment de colère et de mépris; le mépris, un sentiment mêlé de haine et d'orgueil; l'antipathie, une haine violente et qui ne raisonne pas.

Il entre aussi de l'aversion dans le dégoût; il

(1) *La haine est une déplaisance dans l'objet haï.* C'est plutôt l'effet de cette déplaisance. Il faudrait, ce semble, *la haine naît du déplaisir que nous cause*, etc. M.

Je crois, comme je l'ai dit plus haut, que Vauvenargues prend plutôt ici la *haine* pour ce sentiment même de déplaisance qui nous éloigne d'un objet. Cette expression n'est pas usitée en ce sens; cependant je crois bien que c'est celui qu'il lui donne. S.

n'est pas une simple privation comme l'indifférence; et la mélancolie, qui n'est communément qu'un dégoût universel sans espérance, tient encore beaucoup de la haine.

A l'égard des passions qui viennent de l'amour, j'en ai déjà parlé ailleurs; je me contente donc de répéter ici que tous les sentimens que le désir allume, sont mêlés d'amour ou de haine.

XL.

De l'Estime, du Respect et du Mépris.

L'estime est un aveu intérieur du mérite de quelque chose; le respect est le sentiment de la supériorité d'autrui.

Il n'y a pas d'amour sans estime; j'en ai dit la raison. L'amour étant une complaisance dans l'objet aimé, et les hommes ne pouvant se défendre de trouver un prix aux choses qui leur plaisent, peu s'en faut qu'ils ne règlent leur estime sur le degré d'agrément que les objets ont pour eux. Et s'il est vrai que chacun s'estime personnellement plus que tout autre, c'est, ainsi que je l'ai déjà dit, parce qu'il n'y a rien qui nous plaise ordinairement tant que nous-mêmes.

Ainsi, non-seulement on s'estime avant tout, mais on estime encore toutes les choses que l'on aime, comme la chasse, la musique, les chevaux, etc.; et ceux qui méprisent leurs propres passions ne le font que par réflexion, et par un effort de raison; car l'instinct les porte au contraire.

Par une suite naturelle du même principe, la haine rabaisse ceux qui en sont l'objet, avec le même soin que l'amour les relève. Il est impossible aux hommes de se persuader que ce qui les blesse n'ait pas quelque grand défaut; c'est un jugement confus que l'esprit porte en lui-même, comme il en use au contraire en aimant (1).

Et si la réflexion contrarie cet instinct, car il y a des qualités qu'on est convenu d'estimer, et d'autres de mépriser, alors cette contradiction ne fait qu'irriter la passion; et plutôt que de céder aux traits de la vérité, elle en détourne les yeux. Ainsi elle dépouille son objet de ses qualités naturelles pour lui en donner de conformes à son intérêt dominant. Ensuite elle se livre témérairement et sans scrupule à ses préventions insensées.

Il n'y a presque point d'hommes dont le ju-

(1) *C'est un jugement confus que l'esprit porte en lui-même, comme il en use au contraire en aimant. Au contraire,* pour *d'une manière contraire :* expression négligée. S.

gement soit supérieur à ses passions. Il faut donc bien prendre garde, lorsqu'on veut se faire estimer, à ne pas se faire haïr, mais tâcher au contraire de se présenter par des endroits agréables; parce que les hommes penchent à juger du prix des choses par le plaisir qu'elles leur font.

Il y en a à la vérité qu'on peut surprendre par une conduite opposée, en paraissant au dehors plus pénétré de soi-même qu'on n'est au dedans (1); cette confiance extérieure les persuade et les maîtrise.

Mais il est un moyen plus noble de gagner l'estime des hommes; c'est de leur faire souhaiter la nôtre par un vrai mérite, et ensuite d'être modeste et de s'accommoder à eux. Quand on a véritablement les qualités qui emportent l'estime du monde, il n'y a plus qu'à les rendre populaires pour leur concilier l'amour, et lorsque l'amour les adopte, il en fait élever le prix. Mais pour les petites finesses qu'on emploie en vue de surprendre ou de conserver les suffrages;

(1) *Il y en a à la vérité qu'on peut surprendre par une conduite opposée, en paraissant au dehors plus pénétré de soi-même qu'on n'est au dedans.* Comme on dit d'un homme qu'*il est plein de lui;* expression elliptique. *Qu'on n'est au dedans;* il faudrait *qu'on ne l'est.* S.

attendre les autres, se faire valoir, réveiller par des froideurs étudiées ou des amitiés ménagées le goût inconstant du public, c'est la ressource des hommes superficiels qui craignent d'être approfondis; il faut leur laisser ces misères dont ils ont besoin avec leur mérite spécieux.

Mais c'est trop s'arrêter aux choses; tâchons d'abréger ces principes par de courtes définitions.

Le désir est une espèce de mésaise que le goût du bien met en nous (1), et l'inquiétude un désir sans objet.

L'ennui vient du sentiment de notre vide; la paresse naît d'impuissance (2); la langueur est un témoignage de notre faiblesse, et la tristesse de notre misère.

(1) *Le désir est une espèce de mésaise que le goût du bien met en nous*. Par *le goût du bien*, il faut entendre *l'amour du bien-être*. S.

(2) *L'ennui vient du sentiment de notre vide; la paresse naît d'impuissance*. Qu'est-ce que *notre vide?* La paresse suppose, au contraire, le pouvoir d'agir combiné avec l'inaction. M.

L'auteur entend ici par *notre vide*, ce qu'il entend ailleurs par *l'insuffisance de notre être*, c'est-à-dire, l'impossibilité où nous sommes de trouver en nous-mêmes de quoi suffire à notre bonheur. Par *impuissance*, il entend, je crois, *impuissance de l'ame*, l'impossibilité où elle est de sortir de sa langueur. S.

L'espérance est le sentiment d'un bien prochain, et la reconnaissance celui d'un bienfait.

Le regret consiste dans le sentiment de quelque perte; le repentir, dans celui d'une faute; le remords, dans celui d'un crime et la crainte du châtiment (1).

La timidité peut être la crainte du blâme, la honte en est la conviction.

La raillerie naît d'un mépris content.

La surprise est un ébranlement soudain à la vue d'une nouveauté.

L'étonnement est une surprise longue et acca-

(1) *Le regret consiste dans le sentiment de quelque perte; le repentir, dans celui d'une faute; le remords, dans celui d'un crime et la crainte du châtiment.* Ce n'est pas, à ce qu'il semble, la différence de la *faute* et du *crime*, qui constitue celle du *repentir* et du *remords*. On peut expier *ses crimes par le repentir,* et sentir *le remords d'une faute*. Si le repentir est moins cruel, c'est qu'il suppose le retour, et une résolution de ne plus retomber, qui console toujours. Le remords peut exister avec la résolution de se rendre encore coupable. *Heureux,* si je puis, dit Mathan dans Athalie :

A force d'attentats, perdre tous mes remords.

C'est ainsi que les scélérats les perdent. Il n'y a point pour eux de repentir.

Dieu fit du repentir la vertu des mortels.

Heureusement le remords peut naître sans *la crainte du châtiment;* mais ce n'est guère que pour les premiers crimes. S.

blante ; l'admiration une surprise pleine de respect.

La plupart de ces sentimens ne sont pas trop composés, et n'affectent pas aussi durablement nos ames que les grandes passions, l'amour, l'ambition, l'avarice, etc. Le peu que je viens de dire à cette occasion, répandra une sorte de lumière sur ceux dont je me réserve de parler ailleurs.

XLI.

De l'Amour des objets sensibles.

Il serait impertinent de dire que l'amour des choses sensibles, comme l'harmonie, les saveurs, etc., n'est qu'un effet de l'amour-propre, du désir de nous agrandir, etc., etc. Cependant tout cela s'y mêle quelquefois. Il y a des musiciens, des peintres, qui n'aiment chacun dans leur art que l'expression des grandeurs, et qui ne cultivent leurs talens que pour la gloire : ainsi d'une infinité d'autres.

Les hommes que les sens dominent, ne sont pas ordinairement si sujets aux passions sérieuses ; l'ambition, l'amour de la gloire, etc. Les objets sensibles les amusent et les amollissent ; et s'ils ont les autres passions, ils ne les ont pas aussi vives.

On peut dire la même chose des hommes enjoués ; parce qu'ayant une manière d'exister assez heureuse, ils n'en cherchent pas une autre avec ardeur. Trop de choses les distraient ou les préoccupent.

On pourrait entrer là-dessus, et sur tous les sujets que j'ai traités, dans des détails intéressans. Mais mon dessein n'est pas de sortir des principes, quelque sécheresse qui les accompagne : ils sont l'objet unique de tout mon discours ; et je n'ai ni la volonté, ni le pouvoir de donner plus d'application à cet ouvrage (1).

XLII.

Des Passions en général.

Les passions s'opposent aux passions, et peuvent servir de contre-poids ; mais la passion dominante ne peut se conduire que par son propre intérêt, vrai ou imaginaire, parce qu'elle règne despotiquement sur la volonté, sans laquelle rien ne se peut.

Je regarde humainement les choses, et j'ajoute

(1) *Je n'ai ni la volonté ni le pouvoir de donner plus d'application à cet ouvrage. Donner plus d'application*, mauvaise expression pour dire développer davantage des principes par des applications ; ce qui précède prouve que c'est là le sens. S.

dans cet esprit : toute nourriture n'est pas propre à tous les corps ; tous objets ne sont pas suffisans pour toucher certaines ames. Ceux qui croient les hommes souverains arbitres de leurs sentimens ne connaissent pas la nature ; qu'on obtienne qu'un sourd s'amuse des sons enchanteurs de Murer ; qu'on demande à une joueuse qui fait une grosse partie, qu'elle ait la complaisance et la sagesse de s'y ennuyer : nul art ne le peut.

Les sages se trompent encore en offrant la paix aux passions : les passions lui sont ennemies (1). Ils vantent la modération à ceux qui sont nés pour l'action et pour une vie agitée ; qu'importe à un homme malade la délicatesse d'un festin qui le dégoûte ?

Nous ne connaissons pas les défauts de notre ame ; mais quand nous pourrions les connaître, nous voudrions rarement les vaincre.

Nos passions ne sont pas distinctes de nous-mêmes ; il y en a qui sont tout le fondement et toute la substance de notre ame. Le plus faible de tous les êtres voudrait-il périr pour se voir remplacé par le plus sage ? Qu'on me donne un

(1) *Les passions lui sont ennemies*. C'est un latinisme ; *gens inimica nulli*. On dit *ennemi de quelqu'un*, et non *ennemi à quelqu'un*. S.

esprit plus juste, plus aimable, plus pénétrant, j'accepte avec joie tous ces dons; mais si l'on m'ôte encore l'ame qui doit en jouir, ces présens ne sont plus pour moi.

Cela ne dispense personne de combattre ses habitudes, et ne doit inspirer aux hommes ni abattement, ni tristesse. Dieu peut tout: la vertu sincère n'abandonne pas ses amans; les vices même d'un homme bien né peuvent se tourner à sa gloire.

LIVRE TROISIÈME.

XLIII.

Du Bien et du Mal moral.

Ce qui n'est bien ou mal qu'à un particulier, et qui peut être le contraire à l'égard du reste des hommes, ne peut être regardé en général comme un mal ou comme un bien (1).

Afin qu'une chose soit regardée comme un bien par toute la société, il faut qu'elle tende à l'avantage de toute la société ; et afin qu'on la regarde comme un mal, il faut qu'elle tende à sa ruine : voilà le grand caractère du bien et du mal moral.

Les hommes étant imparfaits, n'ont pu se suffire à eux-mêmes : de là la nécessité de former des sociétés. Qui dit une société, dit un corps qui subsiste par l'union de divers membres et

(1) *Ce qui n'est bien ou mal qu'à un particulier, et qui peut être le contraire à l'égard du reste des hommes, ne peut être regardé en général comme un mal ou comme un bien.* Oui ; mais si toute la société avait la fièvre ou la goutte, ou était manchotte ou folle ? V.

Qu'à un particulier au lieu de *pour un particulier*. S.

confond l'intérêt particulier dans l'intérêt général ; c'est là le fondement de toute la morale.

Mais parce que le bien commun exige de grands sacrifices, et qu'il ne peut se répandre également sur tous les hommes, la religion, qui répare le vice des choses humaines, assure des indemnités dignes d'envie à ceux qui nous semblent lésés.

Et toutefois ces motifs respectables n'étant pas assez puissans pour donner un frein à la cupidité des hommes, il a fallu encore qu'ils convinssent de certaines règles pour le bien public, fondé, à la honte du genre humain, sur la crainte odieuse des supplices; et c'est l'origine des lois.

Nous naissons, nous croissons à l'ombre de ces conventions solennelles ; nous leur devons la sûreté de notre vie, et la tranquillité qui l'accompagne. Les lois sont aussi le seul titre de nos possessions : dès l'aurore de notre vie, nous en recueillons les doux fruits, et nous nous engageons toujours à elles par des liens plus forts. Quiconque prétend se soustraire à cette autorité dont il tient tout, ne peut trouver injuste qu'elle lui ravisse tout, jusqu'à la vie. Où serait la raison qu'un particulier ose en sacrifier tant d'autres à soi seul, et que la société ne pût par sa ruine racheter le repos public (1)?

(1) *Où serait la raison qu'un particulier ose en sacrifier tant*

C'est un vain prétexte de dire qu'on ne se doit pas à des lois qui favorisent l'inégalité des fortunes. Peuvent-elles égaler les hommes (1), l'industrie, l'esprit, les talens? Peuvent-elles empêcher les dépositaires de l'autorité d'en user selon leur faiblesse ?

Dans cette impuissance absolue d'empêcher l'inégalité des conditions, elles fixent les droits de chacune, elles les protègent.

On suppose d'ailleurs, avec quelque raison, que le cœur des hommes se forme sur leur condition. Le laboureur a souvent dans le travail de ses mains la paix et la satiété qui fuient l'orgueil des grands (2). Ceux-ci n'ont pas moins de desirs que les hommes les plus abjects (3) ; ils ont donc autant de besoins : voilà dans l'inégalité une sorte d'égalité.

d'autres à soi seul, et que la société ne pût par sa ruine racheter le repos public? Il faudrait qu'*un particulier osât. Par sa ruine* est équivoque, et veut dire *la ruine de ce particulier.* M.

(1) *Égaler les hommes,* il faudrait *égaliser.* Édit.

(2) *Le laboureur a souvent dans le travail de ses mains la paix,* etc. On pourrait dire tout cela bien mieux. V.

Satiété n'est pas là dans son sens ordinaire, selon lequel il signifie un peu de dégoût résultant de l'abandon ; au lieu qu'ici il signifie la satisfaction résultant de la jouissance du nécessaire. Cette acception n'est plus d'usage. M. — *Voyez* t. II, p. 209.

(3) *Ceux-ci n'ont pas moins de desirs que les hommes les plus abjects.* Il faudrait *de l'état le plus abject.* M.

Ainsi on suppose aujourd'hui toutes les conditions égales ou nécessairement inégales. Dans l'une et l'autre supposition, l'équité consiste à maintenir invariablement leurs droits réciproques, et c'est là tout l'objet des lois.

Heureux qui les sait respecter comme elles méritent de l'être. Plus heureux qui porte en son cœur celles d'un heureux naturel. Il est bien facile de voir que je veux parler des vertus (1); leur noblesse et leur excellence sont l'objet de tout ce discours : mais j'ai cru qu'il fallait d'abord établir une règle sûre pour les bien distinguer du vice. Je l'ai rencontrée sans effort, dans le bien et le mal moral; je l'aurais cherchée vainement dans une moins grande origine. Dire simplement que la vertu est vertu, parce qu'elle est bonne en son fonds, et le vice tout au contraire, ce n'est pas les faire connaître. La force et la beauté sont aussi de grands biens ; la vieillesse et la maladie, des maux réels : cependant on n'a jamais dit que ce fût là vice ou vertu. Le mot de vertu emporte l'idée de quelque chose d'estimable à l'égard de toute la terre : le vice au

(1) *Il est bien facile de voir que je veux parler des vertus.* Distinguons vertus et qualités heureuses : bienfaisance seule est vertu; tempérance, sagesse, bonnes qualités? tant mieux pour toi. V.

contraire. Or, il n'y a que le bien et que le mal moral qui portent ces grands caractères. La préférence de l'intérêt général au personnel, est la seule définition qui soit digne de la vertu, et qui doive en fixer l'idée. Au contraire, le sacrifice mercenaire du bonheur public à l'intérêt propre, est le sceau éternel du vice.

Ces divers caractères ainsi établis et suffisamment discernés, nous pouvons distinguer encore les vertus naturelles, des acquises. J'appelle vertus naturelles, les vertus de tempérament; les autres sont les fruits pénibles de la réflexion. Nous mettons ordinairement ces dernières à plus haut prix, parce qu'elles nous coûtent davantage; nous les estimons plus à nous, parce qu'elles sont les effets de notre fragile raison. Je dis : la raison elle-même n'est-elle pas un don de la nature, comme l'heureux tempérament? L'heureux tempérament exclut-il la raison? n'en est-il pas plutôt la base? et si l'un peut nous égarer, l'autre est-elle plus infaillible?

Je me hâte, afin d'en venir à une question plus sérieuse. On demande si la plupart des vices ne concourent pas au bien public, comme les plus pures vertus. Qui ferait fleurir le commerce sans la vanité, l'avarice, etc.?

En un sens cela est très-vrai; mais il faut

m'accorder aussi que le bien produit par le vice est toujours mêlé de grands maux. Ce sont les lois qui arrêtent le progrès de ses désordres; et c'est la raison, la vertu qui le subjuguent, qui le contiennent dans certaines bornes, et le rendent utile au monde.

A la vérité, la vertu ne satisfait pas sans réserve toutes nos passions; mais si nous n'avions aucun vice, nous n'aurions pas ces passions à satisfaire; et nous ferions par devoir ce qu'on fait par ambition, par orgueil, par avarice, etc. Il est donc ridicule de ne pas sentir que c'est le vice qui nous empêche d'être heureux par la vertu. Si elle est si insuffisante à faire le bonheur des hommes, c'est parce que les hommes sont vicieux; et les vices, s'ils vont au bien, c'est qu'ils sont mêlés de vertus, de patience, de tempérance, de courage, etc. Un peuple qui n'aurait en partage que des vices, courrait à sa perte infaillible.

Quand le vice veut procurer quelque grand avantage au monde, pour surprendre l'admiration, il agit comme la vertu, parce qu'elle est le vrai moyen, le moyen naturel du bien: mais celui que le vice opère n'est ni son objet, ni son but. Ce n'est pas à un si beau terme que tendent ses déguisemens. Ainsi le caractère distinctif de la vertu subsiste; ainsi rien ne peut l'effacer.

Que prétendent donc quelques hommes, qui confondent toutes ces choses, ou qui nient leur réalité? Qui peut les empêcher de voir qu'il y a des qualités qui tendent naturellement au bien du monde, et d'autres à sa destruction? Ces premiers sentimens, élevés, courageux, bienfaisans à tout l'univers, et par conséquent estimables à l'égard de toute la terre, voilà ce que l'on nomme vertu. Et ces odieuses passions, tournées à la ruine des hommes et par conséquent criminelles envers le genre humain, c'est ce que j'appelle des vices. Qu'entendent-ils, eux, par ces noms? Cette différence éclatante du faible et du fort, du faux et du vrai, du juste et de l'injuste, etc., leur échappe-t-elle? Mais le jour n'est pas plus sensible. Pensent-ils que l'irréligion dont ils se piquent puisse anéantir la vertu? Mais tout leur fait voir le contraire. Qu'imaginent-ils donc qui leur trouble l'esprit? qui leur cache qu'ils ont eux-mêmes, parmi leurs faiblesses, des sentimens de vertu?

Est-il un homme assez insensé pour douter que la santé soit préférable aux maladies (1)? Non, il n'y en a point dans le monde. Trouve-t-on quelqu'un qui confonde la sagesse avec la folie? Non, personne assurément. On ne voit

(1) Il faudrait *ne soit préférable*. S.

personne non plus qui ne préfère la vérité à l'erreur; personne qui ne sente bien que le courage est différent de la crainte, et l'envie de la bonté. On ne voit pas moins clairement que l'humanité vaut mieux que l'inhumanité, qu'elle est plus aimable, plus utile, et par conséquent plus estimable; et cependant..... ô faiblesse de l'esprit humain! il n'y a point de contradiction dont les hommes ne soient capables, dès qu'ils veulent approfondir.

N'est-ce pas le comble de l'extravagance, qu'on puisse réduire en question si le courage vaut mieux que la peur? On convient qu'il nous donne sur les hommes et sur nous-même un empire naturel. On ne nie pas non plus que la puissance enferme une idée de grandeur, et qu'elle soit utile (1). On sait encore que la peur est un témoignage de faiblesse; et on convient que la faiblesse est très-nuisible, qu'elle jette les hommes dans la dépendance, et qu'elle prouve ainsi leur petitesse. Comment peut-il donc se trouver des esprits assez déréglés pour mettre de l'égalité dans des choses si inégales?

Qu'entend-on par un grand génie? un esprit qui a de grandes vues, puissant, fécond, élo-

(1) Il faut *que la puissance n'enferme une idée de grandeur et qu'elle ne soit utile*. S.

quent, etc. Et par une grande fortune ? un état indépendant, commode, élevé, glorieux. Personne ne dispute donc qu'il y ait (1) de grands génies et de grandes fortunes. Les caractères de ces avantages sont trop bien marqués. Ceux d'une ame vertueuse sont-ils moins sensibles ? Qui peut nous les faire confondre ? Sur quel fondement ose-t-on égaler le bien et le mal ? Est-ce sur ce que l'on suppose que nos vices et nos vertus sont des effets nécessaires de notre tempérament ? mais les maladies, la santé, ne sont-elles pas des effets nécessaires de la même cause ? Les confond-on cependant, et a-t-on jamais dit que c'étaient des chimères, qu'il n'y avait ni santé, ni maladies ? Pense-t-on que tout ce qui est nécessaire n'est (2) d'aucun mérite ? mais c'est une nécessité en Dieu d'être tout-puissant, éternel. La puissance et l'éternité seront-elles égales au néant ? ne seront-elles plus des attributs parfaits ? Quoi ! parce que la vie et la mort sont en nous des états de nécessité, n'est-ce plus qu'une même chose, indifférente aux humains ? Mais peut-être que les vertus que j'ai peintes comme un sacrifice de notre intérêt propre à l'intérêt public, ne sont qu'un pur effet de

(1) Il faut *qu'il n'y ait*. S.

(2) Je préférerais *ne soit d'aucun mérite*. S.

l'amour de nous-mêmes. Peut-être ne faisons-nous le bien que parce que notre plaisir se trouve dans ce sacrifice. Étrange objection ! Parce que je me plais dans l'usage de ma vertu, en est-elle moins profitable, moins précieuse à tout l'univers, ou moins différente du vice, qui est la ruine du genre humain ? Le bien où je me plais change-t-il de nature ? cesse-t-il d'être bien ?

Les oracles de la piété, continuent nos adversaires, condamnent cette complaisance. Est-ce à ceux qui nient la vertu, à la combattre par la religion qui l'établit ? Qu'ils sachent qu'un Dieu bon et juste ne peut réprouver le plaisir que lui-même attache à bien faire. Nous prohiberait-il ce charme qui accompagne l'amour du bien ? Lui-même nous ordonne d'aimer la vertu, et sait mieux que nous qu'il est contradictoire d'aimer une chose sans s'y plaire. S'il rejette donc nos vertus, c'est quand nous nous approprions les dons que sa main nous dispense, que nous arrêtons nos pensées à la possession de ces grâces, sans aller jusqu'à leur principe ; que nous méconnaissons le bras qui répand sur nous ses bienfaits, etc.

Une vérité s'offre à moi. Ceux qui nient la réalité des vertus, sont forcés d'admettre des vices. Oseraient-ils dire que l'homme n'est pas insensé et méchant? Toutefois, s'il n'y avait que des malades, saurions-nous ce que c'est que la santé?

XLIV.

De la Grandeur d'ame.

Après ce que nous avons dit, je crois qu'il n'est pas nécessaire de prouver que la grandeur d'ame est quelque chose d'aussi réel que la santé, etc. Il est difficile de ne pas sentir dans un homme qui maîtrise la fortune, et qui par des moyens puissans arrive à des fins élevées, qui subjugue les autres hommes par son activité, par sa patience ou par des profonds conseils; je dis qu'il est difficile de ne pas sentir dans un génie de cet ordre, une noble réalité. Cependant il n'y a rien de pur et dont nous n'abusions sans peine.

La grandeur d'ame est un instinct élevé qui porte les hommes au grand, de quelque nature qu'il soit; mais qui les tourne au bien ou au mal, selon leurs passions, leurs lumières, leur éducation, leur fortune, etc. Égale à tout ce qu'il y a sur la terre de plus élevé, tantôt elle cherche à soumettre par toutes sortes d'efforts ou d'artifices les choses humaines à elle, et tantôt dédaignant ces choses, elle s'y soumet elle-même sans que sa soumission l'abaisse : pleine de sa propre grandeur, elle s'y repose en secret, contente de se posséder. Qu'elle est belle, quand la vertu dirige tous ses mouvemens; mais qu'elle est dangereuse alors qu'elle se soustrait à la règle! Représentez-vous Catilina au-dessus de tous les préjugés de sa naissance, méditant de changer la face de la terre et d'anéantir le nom romain: concevez ce génie audacieux, menaçant le monde du sein des plaisirs, et formant d'une troupe de voluptueux et de voleurs, un corps redoutable aux armées et à la sagesse de Rome. Qu'un homme de ce caractère aurait porté loin la vertu, s'il eût été tourné au bien; mais les circonstances malheureuses le poussent au crime. Catilina était né avec un amour ardent pour les plaisirs, que la sévérité des lois aigrissait et contraignait; sa dissipation et ses débauches l'engagèrent peu à peu à des projets criminels (1): ruiné, décrié, traversé, il se trouva dans un état où il lui était moins facile de gouverner la république que de la détruire; ne pouvant être le héros de sa patrie, il en méditait la conquête. Ainsi les hommes sont souvent portés au crime par de fatales rencontres, ou par leur situation: ainsi leur vertu dépend de leur fortune. Que

(1) Il serait plus exact de dire, *l'engagèrent peu à peu dans des projets criminels*. S.

manquait-il à César, que d'être né souverain ? Il était bon, magnanime, généreux, hardi, clément ; personne n'était plus capable de gouverner le monde et de le rendre heureux : s'il eût eu une fortune égale à son génie, sa vie aurait été sans tache ; mais parce qu'il s'était placé lui-même sur le trône par la force, on a cru pouvoir le compter avec justice parmi les tyrans.

Cela fait sentir qu'il y a des vices qui n'excluent pas les grandes qualités, et par conséquent de grandes qualités qui s'éloignent de la vertu. Je reconnais cette vérité avec douleur : il est triste que la bonté n'accompagne pas toujours la force, et que l'amour de la justice ne prévale pas nécessairement dans tous les hommes et dans tout le cours de leur vie, sur tout autre amour; mais non-seulement les grands hommes se laissent entraîner au vice, les vertueux même se démentent, et sont inconstans dans le bien. Cependant ce qui est sain est sain, ce qui est fort est fort, etc. Les inégalités de la vertu, les faiblesses qui l'accompagnent, les vices qui flétrissent les plus belles vies, ces défauts inséparables de notre nature, mêlée si manifestement de grandeur et de petitesse, n'en détruisent pas les perfections. Ceux qui veulent que les hommes soient tout bons ou tout méchans, absolument grands ou petits, ne connaissent pas la nature. Tout est mélangé dans les hommes; tout y est limité; et le vice même y a ses bornes.

XLV.

Du Courage.

Le vrai courage est une des qualités qui supposent le plus de grandeur d'ame. J'en remarque beaucoup de sortes : un courage contre la fortune, qui est philosophie; un courage contre les misères, qui est patience; un courage à la guerre, qui est valeur; un courage dans les entreprises, qui est hardiesse; un courage fier et téméraire, qui est audace; un courage contre l'injustice, qui est fermeté; un courage contre le vice, qui est sévérité; un courage de réflexion, de tempérament, etc.

Il n'est pas ordinaire qu'un même homme assemble tant de qualités. Octave, dans le plan de sa fortune, élevée sur des précipices, bravait des périls éminens; mais la mort, présente à la guerre, ébranlait son ame. Un nombre innombrable de Romains qui n'avaient jamais craint la mort dans les batailles, manquaient de cet autre courage qui soumit la terre à Auguste.

On ne trouve pas seulement plusieurs sortes de

courages, mais dans le même courage bien des inégalités. Brutus, qui eut la hardiesse d'attaquer la fortune de César, n'eut pas la force de suivre la sienne : il avait formé le dessein de détruire la tyrannie avec les ressources de son seul courage, et il eut la faiblesse de l'abandonner avec toutes les forces du peuple romain, faute de cette égalité de force et de sentiment, qui surmonte les obstacles et la lenteur des succès.

Je voudrais pouvoir parcourir ainsi en détail toutes les qualités humaines : un travail si long ne peut maintenant m'arrêter. Je terminerai cet écrit par de courtes définitions.

Observons néanmoins encore que la petitesse est la source d'un nombre incroyable de vices : de l'inconstance, la légèreté, la vanité, l'envie, l'avarice, la bassesse, etc.; elle rétrécit notre esprit autant que la grandeur d'ame l'élargit; mais elle est malheureusement inséparable de l'humanité, et il n'y a point d'ame si forte qui en soit tout-à-fait exempte. Je suis mon dessein.

La probité est un attachement à toutes les vertus civiles (1).

(1) Je n'admets point cette définition; j'aimerais mieux, *un attachement à tout ce qui est juste*. Duclos a dit : *Ne fais pas à autrui ce que tu ne voudrais pas qu'on te fît*; c'est la probité. *Fais à autrui ce que tu voudrais qu'on te fît*; c'est la

La droiture est une habitude des sentiers de la vertu.

L'équité peut se définir par l'amour de l'égalité (1); l'intégrité paraît une équité sans tache, et la justice une équité pratique.

La noblesse est la préférence de l'honneur à l'intérêt; la bassesse, la préférence de l'intérêt à l'honneur.

L'intérêt est la fin de l'amour-propre (2); la générosité en est le sacrifice.

La méchanceté suppose un goût à faire du mal; la malignité, une méchanceté cachée; la noirceur, une méchanceté profonde.

L'insensibilité à la vue des misères peut s'appeler dureté; s'il y entre du plaisir, c'est cruauté.
La sincérité me paraît l'expression de la vérité: la franchise, une sincérité sans voiles (3); la can-

vertu. M. — Vauvenargues a voulu dire sans doute, *un attachement à tous les devoirs civils*. S.

(1) Cette définition n'est pas exacte; l'équité est l'*unicuique suum;* à chacun ce qui lui appartient. M.

Vauvenargues n'entend pas ici l'égalité absolue, mais l'égalité relative. Dans une faillite où tous les créanciers doivent perdre, le juge ne peut faire rendre à chacun d'eux ce qui lui appartient. L'équité est alors d'établir entr'eux une égalité relative à leurs droits, c'est-à-dire de leur faire supporter à chacun une perte calculée sur la proportion de leurs droits respectifs. S.

(2) *Amour-propre* encore employé ici pour *amour de soi*. S.

(3) C'est-à-dire qui ne réserve rien. La sincérité ne dit que

deur, une sincérité douce; l'ingénuité, une sincérité innocente; l'innocence, une pureté sans tache.

L'imposture est le masque de la vérité; la fausseté, une imposture naturelle; la dissimulation, une imposture réfléchie; la fourberie, une imposture qui veut nuire (1); la duplicité, une imposture qui a deux faces.

La libéralité est une branche de la générosité; la bonté, un goût à faire du bien et à pardonner le mal; la clémence, une bonté envers nos ennemis.

La simplicité nous présente l'image de la vérité et de la liberté.

L'affectation est le dehors de la contrainte et du mensonge : la fidélité n'est qu'un respect pour nos engagemens; l'infidélité, une dérogeance; la perfidie, une infidélité couverte et criminelle.

La bonne foi est une fidélité sans défiance et sans artifice.

La force d'esprit est le triomphe de la réflexion; c'est un instinct supérieur aux passions, qui les calme ou qui les possède (2); on ne peut pas savoir d'un homme qui n'a pas les passions

ce qu'on lui demande; la franchise dit souvent ce qu'on ne lui demande pas. S.

(1) Tel est le texte du manuscrit. M. de Fortia l'a donné, et ce carton le rétablit. Notre faute était celle des anciens éditeurs.

(2) *Posséder* n'est pas le mot propre. On ne dit pas *posséder les passions*. On dirait mieux *ou qui les domine*.

ardentes, s'il a de la force d'esprit; il n'a jamais été dans des épreuves assez difficiles.

La modération est l'état d'une ame qui se possède; elle naît d'une espèce de médiocrité dans les désirs et de satisfaction dans les pensées, qui dispose aux vertus civiles.

L'immodération, au contraire, est une ardeur inaltérable (1) et sans délicatesse, qui mène quelquefois à de grands vices.

La tempérance n'est qu'une modération dans les plaisirs, et l'intempérance au contraire.

L'humeur est une inégalité qui dispose à l'impatience : la complaisance est une volonté flexible; la douceur, un fonds de complaisance et de bonté.

La brutalité, une disposition à la colère et à la grossièreté; l'irrésolution, une timidité à entreprendre; l'incertitude, une irrésolution à croire; la perplexité, une irrésolution inquiète.

La prudence, une prévoyance raisonnable; l'imprudence, tout au contraire (2).

L'activité naît d'une force inquiète; la paresse d'une impuissance paisible.

La mollesse est une paresse voluptueuse.

(1) *Inaltérable* n'est pas le mot propre; ce serait plutôt *insatiable*. M.

(2) *Tout au contraire*, etc. Il faudrait *tout le contraire*. M.

L'austérité est une haine des plaisirs, et la sévérité, des vices.

La solidité est une consistance et une égalité d'esprit : la légèreté, un défaut d'assiette et d'uniformité de passions ou d'idées.

La constance est une fermeté raisonnable dans nos sentimens ; l'opiniâtreté, une fermeté déraisonnable ; la pudeur, un sentiment de la difformité du vice et du mépris qui le suit (1).

La sagesse est la connaissance et l'affection du vrai bien ; l'humilité, un sentiment de notre bassesse devant Dieu ; la charité, un zèle de religion pour le prochain ; la grâce, une impulsion surnaturelle vers le bien.

XLVI.

Du Bon et du Beau.

Le terme de bon emporte quelque degré na-

(1) *La pudeur est un sentiment de la difformité du vice et du mépris qui le suit.* La pudeur est plutôt la crainte de la honte, à quoi que ce soit qu'on l'attache : on peut éprouver la honte sans qu'il s'y mêle aucune idée de vice ou de mépris. Un homme qui demande et qu'on refuse éprouve de la *honte*, et une certaine *pudeur* empêche l'homme bien né de demander ; il n'y a pourtant là aucune idée de vice ou de mépris. Une femme dont les vêtemens se dérangent par hasard éprouve de la *honte*, et sa *pudeur* est blessée, sans que l'idée de *vice* ou de *mépris* se présente à la pensée. S.

turel de perfection; celui de beau, quelque degré d'éclat ou d'agrément. Nous trouvons l'un et l'autre termes dans la vertu, parce que sa bonté nous plaît, et que sa beauté nous sert. Mais d'une médecine qui blesse nos sens, et de toute autre chose qui nous est utile, mais désagréable, nous ne disons pas qu'elle est belle, elle n'est que bonne; de même à l'égard des choses qui sont belles sans être utiles.

M. Crouzas dit que le beau naît de la variété réductible à l'unité, c'est-à-dire d'un composé qui ne fait pourtant qu'un seul tout et qu'on peut saisir d'une vue; c'est là, selon lui, ce qui excite l'idée du beau dans l'esprit.

RÉFLEXIONS
SUR DIVERS SUJETS.

I.

Sur le Pyrrhonisme.

Qui doute a une idée de la certitude, et par conséquent reconnaît quelque marque de la vérité. Mais parce que les premiers principes ne peuvent se démontrer, on s'en défie; on ne fait pas attention que la démonstration n'est qu'un raisonnement fondé sur l'évidence. Or, les premiers principes ont l'évidence par eux-mêmes, et sans raisonnement; de sorte qu'ils portent la marque de la certitude la plus invincible. Les pyrrhoniens obstinés affectent de douter que l'évidence soit signe de vérité; mais on leur demande, Quel autre signe en désirez-vous donc? Quel autre croyez-vous qu'on puisse avoir? Vous en formez-vous quelque idée?

On leur dit aussi: Qui doute pense, et qui pense est: et tout ce qui est vrai de sa pensée l'est aussi de la chose qu'elle représente, si cette chose a l'être ou le reçoit jamais. Voilà donc déjà des principes irréfutables: or, s'il y a quelque principe de cette nature, rien n'empêche qu'il y en ait plusieurs. Tous ceux qui porteront le même caractère auront infailliblement la même vérité : il n'en serait pas autrement quand notre vie ne serait qu'un songe ; tous les fantômes que notre imagination pourrait nous figurer dans le sommeil, ou n'auraient pas l'être, ou l'auraient tel qu'il nous paraît. S'il existe hors de notre imagination une société d'hommes faibles, telle que nos idées nous la représentent, tout ce qui est vrai de cette société imaginaire, le sera de la société réelle, et il y aura dans cette société des qualités nuisibles, d'autres estimables ou utiles, etc.; et par conséquent des vices et des vertus. Oui, nous disent les pyrrhoniens : mais peut-être que cette société n'est pas; je réponds : Pourquoi ne serait-elle pas, puisque nous sommes? Je suppose qu'il y eût là-dessus quelque incertitude bien fondée, toujours serions-nous obligés d'agir comme s'il n'y en avait pas. Que sera-ce si cette incertitude est sensiblement supposée? Nous ne nous donnons pas à nous-mêmes nos sensations ; donc il y a quelque chose hors de nous qui nous les donne : si elles sont fidèles ou trompeuses ; si les objets qu'elles nous peignent sont des illusions ou des vérités, des réalités ou des apparences, je n'entreprendrai point de les démontrer. L'esprit de l'homme qui ne connaît qu'imparfaitement, ne saurait prouver parfaitement; mais l'imperfection de ses connaissances n'est pas plus manifeste que leur réalité; et s'il leur manque quelque chose pour la conviction du côté du raisonnement, l'instinct le supplée avec usure. Ce que la réflexion trop faible n'ose décider, le sentiment nous force de le croire. S'il est quelque pyrrhonien réel et parfait parmi les hommes, c'est dans l'ordre des intelligences un monstre qu'il faut plaindre. Le pyrrhonisme parfait est le délire de la raison, et la production la plus ridicule de l'esprit humain.

II.

Sur la Nature et la Coutume.

Les hommes s'entretiennent volontiers de la force de la coutume, des effets de la nature ou de l'opinion; peu en parlent exactement. Les dispositions fondamentales et originelles de chaque être forment ce qu'on appelle sa nature. Une longue habitude peut modifier ces dispositions primitives; et telle est quelquefois sa force qu'elle leur en substitue de nouvelles plus constantes, quoique absolument opposées : de sorte qu'elle agit ensuite comme cause première, et fait le fondement d'un nouvel être ; d'où est venue cette conclusion très-littérale, qu'elle était une seconde nature ; et cette autre pensée plus hardie de Pascal : que ce que nous prenons pour la nature n'est souvent qu'une première coutume ; deux maximes très-véritables. Toutefois, avant qu'il y eût une première coutume, notre ame existait, et avait ses inclinations qui fondaient sa nature ; et ceux qui réduisent tout à l'opinion et à l'habitude, ne comprennent pas ce qu'ils disent : toute coutume suppose antérieurement une nature, toute erreur une vérité. Il est vrai qu'il est difficile de distinguer les principes de cette première nature de ceux de l'éducation ; ces principes sont en si grand nombre et si compliqués que l'esprit se perd à les suivre, et il n'est pas moins malaisé de démêler ce que l'éducation a épuré ou gâté dans le naturel. On peut remarquer seulement que ce qui nous reste de notre première nature est plus véhément et plus fort que ce qu'on acquiert par étude, par coutume et par réflexion ; parce que l'effet de l'art est d'affaiblir, lors même qu'il polit et qu'il corrige : de sorte que nos qualités acquises sont en même temps plus parfaites et plus défectueuses que nos qualités naturelles ; et cette faiblesse de l'art ne procède pas seulement de la résistance trop forte que fait la nature, mais aussi de la propre imperfection de ses principes, ou insuffisans, ou mêlés d'erreur. Sur quoi cependant je remarque, qu'à l'égard des lettres, l'art est supérieur au génie de beaucoup d'artistes qui, ne pouvant atteindre la hauteur des règles et les mettre toutes en œuvre, ni rester dans leur caractère qu'ils trouvent trop bas, ni arriver au beau naturel, demeurent dans un milieu insupportable, qui est l'enflure et l'affectation, et ne suivent ni l'art ni la nature. La longue habitude leur rend propre ce caractère forcé; et à mesure qu'ils s'éloignent davantage de leur naturel, ils croient élever la nature : don incomparable, qui n'appartient qu'à ceux que la nature même inspire avec le plus de force. Mais telle est l'erreur qui les flatte; et malheureusement rien n'est plus ordinaire que de voir les hommes se former par étude et par coutume un instinct particulier, et s'éloigner ainsi, autant qu'ils peuvent, des lois générales et originelles de leur être : comme si la nature n'avait pas mis entre eux assez de différences, sans y en ajouter par l'opinion. De là vient que leurs jugemens se rencontrent si rarement. Les uns disent : Cela est dans la nature ou hors de la nature, et les autres tout au contraire. Il y en a qui rejettent, en fait de style, les transitions soudaines des Orientaux, et les sublimes hardiesses de Bossuet; l'enthousiasme même de la poésie ne les émeut pas, ni sa force et son harmonie, qui charment avec tant de puissance ceux qui ont de l'oreille et du goût. Ils regardent ces dons de la nature, si peu ordinaires, comme des inventions forcées et des jeux d'imagination, tandis que d'autres admirent l'emphase comme le caractère et le modèle d'un beau naturel. Parmi ces variétés inexplicables de la nature ou de l'opinion, je crois que la coutume dominante peut servir de guide à ceux qui se mêlent d'écrire; parce qu'elle vient de la nature dominante des esprits, ou qu'elle la plie à ses règles, et forme le goût et les mœurs : de sorte qu'il est dangereux de s'en écarter, lors même qu'elle nous paraît manifestement vicieuse. Il n'appartient qu'aux hommes extraordinaires de ramener les autres au vrai, et de les assujétir à leur génie particulier; mais ceux qui conclueraient de là que tout est opinion, et qu'il n'y a ni nature ni coutume plus parfaite l'une que l'autre par son propre fonds, seraient les plus inconséquens de tous les hommes.

III.

Nulle jouissance sans action.

Ceux qui considèrent sans beaucoup de réflexion

les agitations et les misères de la vie humaine, en accusent notre activité trop empressée, et ne cessent de rappeler les hommes au repos et à jouir d'eux-mêmes. Ils ignorent que la jouissance est le fruit et la récompense du travail; qu'elle est elle-même une action; qu'on ne saurait jouir qu'autant que l'on agit, et que notre ame enfin ne se possède véritablement que lorsqu'elle s'exerce toute entière. Ces faux philosophes s'empressent à détourner l'homme de sa fin, et à justifier l'oisiveté; mais la nature vient à notre secours dans ce danger. L'oisiveté nous lasse plus promptement que le travail, et nous rend à l'action, détrompés du néant de ses promesses; c'est ce qui n'est pas échappé aux modérateurs de systèmes, qui se piquent de balancer les opinions des philosophes, et de prendre un juste milieu. Ceux-ci nous permettent d'agir, sous condition néanmoins de régler notre activité et de déterminer selon leurs vues la mesure et le choix de nos occupations; en quoi ils sont peut-être plus inconséquens que les premiers, car ils veulent nous faire trouver notre bonheur dans la sujétion de notre esprit; effet purement surnaturel, et qui n'appartient qu'à la religion, non à la raison. Mais il est des erreurs que la prudence ne veut pas qu'on approfondisse.

IV.

De la certitude des principes.

Nous nous étonnons de la bizarrerie de certaines modes, et de la barbarie des duels ; nous triomphons encore sur le ridicule de quelques coutumes, et nous en faisons voir la force. Nous nous épuisons sur ces choses comme sur des abus uniques, et nous sommes environnés de préjugés sur lesquels nous nous reposons avec une entière assurance. Ceux qui portent plus loin leurs vues remarquent cet aveuglement ; et entrant là-dessus en défiance des plus grands principes, concluent que tout est opinion ; mais ils montrent à leur tour par là les limites de leur esprit. L'être et la vérité n'étant, de leur aveu, qu'une même chose sous deux expressions, il faut tout réduire au néant ou admettre des vérités indépendantes de nos conjectures et de nos frivoles discours. Or, s'il y a des vérités réelles, comme il me paraît hors de doute, il s'ensuit qu'il y a des principes qui ne peuvent être arbitraires : la difficulté, je l'avoue, est à les connaître (1). Mais pourquoi la même raison qui nous fait discerner le faux, ne pourrait-elle nous conduire

(1) Il faut, je crois, *de les connaître*. S.

jusqu'au vrai ? L'ombre est-elle plus sensible que le corps, l'apparence que la réalité ? Que connaissons-nous d'obscur par sa nature, sinon l'erreur ? Que connaissons-nous d'évident, sinon la vérité ? N'est-ce pas l'évidence de la vérité qui nous fait discerner le faux, comme le jour marque les ombres ? Et qu'est-ce en un mot que la connaissance d'une erreur, sinon la découverte d'une vérité ? Toute privation suppose nécessairement une réalité ; ainsi la certitude est démontrée par le doute, la science par l'ignorance, et la vérité par l'erreur.

V.

Défaut de la plupart des choses.

Le défaut de la plupart des choses dans la poésie, la peinture, l'éloquence, le raisonnement, etc., c'est de n'être pas à leur place. De là le mauvais enthousiasme ou l'emphase dans le discours, les dissonances dans la musique (1), la confusion dans les tableaux, la fausse politesse dans le monde, ou la froide plaisanterie. Qu'on examine la morale même, la profusion n'est-elle pas aussi le plus souvent une générosité hors de

(1) *Les dissonances dans la musique* ne sont pas un défaut, et font souvent beauté. Il faudrait ici *discordances*.

sa place; la vanité, une hauteur hors de sa place(1); l'avarice, une prévoyance hors de sa place; la témérité, une valeur hors de sa place, etc.? La plupart des choses ne sont fortes ou faibles, vicieuses ou vertueuses, dans la nature, ou hors de la nature, que par cet endroit: on ne laisserait rien à la plupart des hommes, si l'on retranchait de leur vie tout ce qui n'est pas à sa place, et ce n'est pas en tous défaut de jugement, mais impuissance d'assortir les choses.

VI.

De l'Ame.

Il sert peu d'avoir de l'esprit lorsqu'on n'a point d'ame. C'est l'ame qui forme l'esprit et qui lui donne l'essor(2); c'est elle qui domine dans les sociétés, qui fait les orateurs, les négociateurs, les ministres, les grands hommes, les conquérans. Voyez comme on vit dans le monde. Qui prime chez les jeunes gens, chez les femmes, chez les vieillards, chez les hommes de tous les

(1) Ce n'est pas, je crois, une *hauteur,* mais un *orgueil* hors de sa place. La hauteur n'est jamais bien placée; au lieu qu'on dit un *orgueil bien placé,* un *juste* ou *noble orgueil.* S.

(2) Je crois que *dirige* vaudrait mieux. *Former* est vague et impropre. S.

états, dans les cabales et dans les partis? Qui nous gouverne nous-mêmes, est-ce l'esprit ou le cœur? Faute de faire cette réflexion, nous nous étonnons de l'élévation de quelques hommes, ou de l'obscurité de quelques autres, et nous attribuons à la fatalité ce dont nous trouverions plus aisément la cause dans leur caractère; mais nous ne pensons qu'à l'esprit, et point aux qualités de l'ame. Cependant c'est d'elle avant tout que dépend notre destinée : on nous vante en vain les lumières d'une belle imagination; je ne puis ni estimer, ni aimer, ni haïr, ni craindre ceux qui n'ont que de l'esprit.

VII.

Des Romans.

Le faux en lui-même nous blesse et n'a pas de quoi nous toucher. Que croyez-vous qu'on cherche si avidement dans les fictions? L'image d'une vérité vivante et passionnée.

Nous voulons de la vraisemblance dans les fables mêmes, et toute fiction qui ne peint pas la nature est insipide.

Il est vrai que l'esprit de la plupart des hommes a si peu d'assiette qu'il se laisse entraîner au merveilleux, surpris par l'apparence du grand. Mais le faux, que le grand leur cache dans le merveilleux, les dégoûte au moment qu'il se laisse sentir; on ne relit point un roman.

J'excepte les gens d'une imagination frivole et déréglée, qui trouvent dans ces sortes de lectures l'histoire de leurs pensées et de leurs chimères. Ceux-ci, s'ils s'attachent à écrire dans ce genre, travaillent avec une facilité que rien n'égale; car ils portent la matière de l'ouvrage dans leur fonds; mais de semblables puérilités n'ont pas leur place dans un esprit sain; il ne peut les écrire, ni les lire.

Lors donc que les premiers s'attachent aux fantômes qu'on leur reproche, c'est parce qu'ils y trouvent une image des illusions de leur esprit, et par conséquent quelque chose qui tient à la vérité, à leur égard; et les autres qui les rejettent, c'est parce qu'ils n'y reconnaissent pas le caractère de leurs sentimens; tant il est manifeste de tous les côtés que le faux connu nous dégoûte, et que nous ne cherchons tous ensemble que la vérité et la nature (1).

VIII.

Contre la Médiocrité.

Si l'on pouvait dans la médiocrité n'être ni

(1) Expression impropre pour *ni les uns ni les autres*. S.

glorieux, ni timide, ni envieux, ni flatteur, ni préoccupé des besoins et des soins de son état, lorsque le dédain et les manières de tout ce qui nous environne concourent à nous abaisser; si l'on savait alors s'élever, se sentir, résister à la multitude !... Mais qui peut soutenir son esprit et son cœur au-dessus de sa condition? Qui peut se sauver des faiblesses que la médiocrité traîne avec soi?

Dans les conditions éminentes, la fortune au moins nous dispense de fléchir devant ses idoles. Elle nous dispense de nous déguiser, de quitter notre caractère, de nous absorber dans les riens : elle nous élève sans peine au-dessus de la vanité, et nous met au niveau du grand; et si nous sommes nés avec quelques vertus, les moyens et les occasions de les employer sont en nous.

Enfin, de même qu'on ne peut jouir d'une grande fortune avec une ame basse et un petit génie, on ne saurait jouir d'un grand génie ni d'une grande ame, dans une fortune médiocre.

IX.

Sur la Noblesse.

La noblesse est un héritage, comme l'or et les diamans. Ceux qui regrettent que la considération des grands emplois et des services passe au sang des hommes illustres, accordent davantage aux hommes riches, puisqu'ils ne contestent pas à leurs neveux la possession de leur fortune bien ou mal acquise. Mais le peuple en juge autrement; car au lieu que la fortune des gens riches se détruit par la dissipation de leurs enfans, la considération de la noblesse se conserve après que la mollesse en a souillé la source. Sage institution, qui pendant que le prix de l'intérêt se consume et s'appauvrit, rend la récompense de la vertu éternelle et ineffaçable !

Qu'on ne nous dise donc plus que la mémoire d'un mérite doit céder à des vertus vivantes. Qui mettra le prix au mérite ? C'est sans doute à cause de cette difficulté, que les grands, qui ont de la hauteur, ne se fondent que sur leur naissance, quelque opinion qu'ils aient de leur génie. Tout cela est très-raisonnable, si l'on excepte de la loi commune, de certains talens qui sont trop au-dessus des règles.

X.

Sur la Fortune.

Ni le bonheur, ni le mérite seul, ne font l'élévation des hommes. La fortune suit l'occasion qu'ils ont d'employer leurs talens. Mais il n'y a peut-être point d'exemple d'un homme à qui le mérite n'ait servi pour sa fortune ou contre l'adversité; cependant la chose à laquelle un homme ambitieux pense le moins, c'est à mériter sa fortune. Un enfant veut être évêque, veut être roi, conquérant, et à peine il connaît l'étendue de ces noms. Voilà la plupart des hommes; ils accusent continuellement la fortune de caprice, et ils sont si faibles qu'ils lui abandonnent la conduite de leurs prétentions, et qu'ils se reposent sur elle du succès de leur ambition.

XI.

Contre la Vanité.

La chose du monde la plus ridicule et la plus inutile, c'est de vouloir prouver qu'on est aimable, ou que l'on a de l'esprit. Les hommes sont fort pénétrans sur les petites adresses qu'on emploie pour se louer; et soit qu'on leur demande leur suffrage avec hauteur, soit qu'on tâche de les surprendre, ils se croient ordinairement en droit de refuser ce qu'il semble qu'on ait besoin de tenir d'eux. Heureux ceux qui sont nés modestes, et que la nature a remplis d'une noble et sage confiance! Rien ne présente les hommes si petits à l'imagination, rien ne les fait paraître si faibles que la vanité. Il semble qu'elle soit le sceau de la médiocrité; ce qui n'empêche pas qu'on n'ait vu d'assez grands génies accusés de cette faiblesse, le cardinal de Retz, Montaigne, Cicéron, etc. Aussi leur a-t-on disputé le titre de grands hommes, et non sans beaucoup de raison.

XII.

Ne point sortir de son caractère.

Lorsqu'on veut se mettre à la portée des autres hommes, il faut prendre garde d'abord à ne pas sortir de la sienne; car c'est un ridicule insupportable, et qu'ils ne nous pardonnent point; c'est aussi une vanité mal entendue de croire que l'on peut jouer toute sorte de personnages, et d'être toujours travesti. Tout homme qui n'est pas dans son véritable caractère n'est pas dans sa force: il inspire la défiance, et blesse par l'affectation de cette supériorité. Si vous le pouvez, soyez simple, naturel, modeste, uniforme; ne parlez jamais aux hommes que de choses qui les intéressent, et qu'ils puissent aisément entendre. Ne les primez point avec faste. Ayez de l'indulgence pour tous leurs défauts, de la pénétration pour leurs talens, des égards pour leurs délicatesses et leurs préjugés, etc. Voilà peut-être comme un homme supérieur se monte (1) naturellement et sans effort à la portée de chacun. Ce n'est pas la marque d'une grande habileté d'employer beaucoup de finesse, c'est l'imperfection de la nature, qui est l'origine de l'art.

XIII.

Du pouvoir de l'Activité.

Qui considérera d'où sont partis la plupart des ministres verra ce que peut le génie, l'ambition et l'activité. Il faut laisser parler le monde, et souffrir qu'il donne au hasard l'honneur de toutes les fortunes, pour autoriser sa mollesse. La nature a marqué à tous les hommes, dans leur caractère, la route naturelle de leur vie, et personne n'est ni tranquille, ni sage, ni bon, ni heureux, qu'autant qu'il connaît son instinct et le suit bien fidèlement. Que ceux qui sont nés pour l'action suivent donc hardiment le leur; l'essentiel est de faire bien; s'il arrive qu'après cela le mérite soit méconnu et le bonheur seul honoré, il faut pardonner à l'erreur. Les hommes ne sentent les choses qu'au degré de leur esprit, et ne peuvent aller plus loin. Ceux qui sont nés médiocres n'ont point de mesure pour les qualités.

(1) *Se monte*. Il faut *se met*. M.

supérieures; la réputation leur impose plus que le génie, la gloire plus que la vertu; au moins ont-ils besoin que le nom des choses les avertisse et réveille leur attention.

XIV.

Sur la Dispute.

Où vous ne voyez pas le fond des choses, ne parlez jamais qu'en doutant et en proposant vos idées. C'est le propre d'un raisonneur de prendre feu sur les affaires politiques, ou sur tel autre sujet dont on ne sait pas les principes; c'est son triomphe, parce qu'il n'y peut être confondu.

Il y a des hommes avec qui j'ai fait vœu de n'avoir jamais de dispute : ceux qui ne parlent que pour parler ou décider, les sophistes, les ignorans, les dévots et les politiques. Cependant tout peut être utile, il ne faut que se posséder.

XV.

Sujétion de l'esprit de l'homme.

Quand on est au cours des grandes affaires, rarement tombe-t-on à de certaines petitesses : les grandes occupations élèvent et soutiennent l'ame; ce n'est donc pas merveille qu'on y fasse bien. Au contraire, un particulier qui a l'esprit naturellement grand, se trouve resserré et à l'étroit dans une fortune privée; et comme il n'y est pas à sa place, tout le blesse et lui fait violence. Parce qu'il n'est pas né pour les petites choses, il les traite moins bien qu'un autre, ou elles le fatiguent davantage, et il ne lui est pas possible, dit Montaigne, de ne leur donner que l'attention qu'elles méritent, ou de s'en retirer à sa volonté; s'il fait tant que de s'y livrer, elles l'occupent tout entier et l'engagent à des petitesses dont il est lui-même surpris. Telle est la faiblesse de l'esprit humain, qui se manifeste encore par mille autres endroits, et qui fait dire à Pascal (1) : *L'esprit du plus grand homme du monde n'est pas si indépendant, qu'il ne soit sujet à être troublé par le moindre tintamarre qui se fait autour de lui. Il ne faut pas le bruit d'un canon pour empêcher ses pensées : il ne faut que le bruit d'une girouette ou d'une poulie. Ne vous étonnez pas,* continue-t-il, *s'il ne raisonne pas bien à présent; une mouche bourdonne à ses oreilles : c'en est assez pour le rendre incapable de bon conseil. Si vous voulez qu'il trouve la vérité, chassez cet animal qui tient sa raison en échec, et trouble cette puis-*

(1) Pensées de Pascal, Ire. partie, art. VI, pensée XII. ÉDIT.

sante intelligence qui gouverne les villes et les royaumes. Rien n'est plus vrai, sans doute, que cette pensée; mais il est vrai aussi, de l'aveu de Pascal, que cette même intelligence, qui est si faible, gouverne les villes et les royaumes : aussi le même auteur remarque que plus on approfondit l'homme, plus on y démêle de faiblesse et de grandeur; et c'est lui qui dit encore dans un autre endroit (1), après Montaigne : *Cette duplicité de l'homme est si visible, qu'il y en a qui ont cru que nous avions deux ames : un sujet simple paraissant incapable de telles et si soudaines variétés, d'une présomption démesurée à un horrible abattement de cœur.* Rassurons-nous donc sur la foi de ces grands témoignages, et ne nous laissons pas abattre au sentiment de nos faiblesses, jusqu'à perdre le soin irréprochable de la gloire et l'ardeur de la vertu.

XVI.

On ne peut être dupe de la vertu.

Que ceux qui sont nés pour l'oisiveté et la mollesse y meurent et s'y ensevelissent ; je ne prétends pas les troubler, mais je parle au reste des hommes, et je dis : On ne peut être dupe de la

(1) Pensées de Pascal, IIe. partie, art. V, pensée V. ÉDIT.

vraie vertu; ceux qui l'aiment sincèrement y goûtent un secret plaisir, et souffrent à s'en détourner: quoi qu'on fasse aussi pour la gloire, jamais ce travail n'est perdu, s'il tend à nous en rendre dignes. C'est une chose étrange que tant d'hommes se défient de la vertu et de la gloire, comme d'une route hasardeuse, et qu'ils regardent l'oisiveté comme un parti sûr et solide. Quand même le travail et le mérite pourraient nuire à notre fortune, il y aurait toujours à gagner à les embrasser. Que sera-ce s'ils y concourent? Si tout finissait par la mort, ce serait une extravagance de ne pas donner toute notre application à bien disposer notre vie, puisque nous n'aurions que le présent; mais nous croyons un avenir, et l'abandonnons au hasard; cela est bien plus inconcevable. Je laisse tout devoir à part, la morale et la religion, et je demande: l'ignorance vaut-elle mieux que la science, la paresse que l'activité, l'incapacité que les talens? Pour peu que l'on ait de raison, on ne met point ces choses en parallèle. Quelle honte donc de choisir ce qu'il y a de l'extravagance à égaler (1)? S'il faut des exemples pour nous décider, d'un côté Coligni, Turenne, Bossuet, Richelieu, Fénélon, etc.; de l'autre, les gens à la mode, les

(1) Pour *égaliser, estimer égales*. S.

gens du bel air, ceux qui passent toute leur vie dans la dissipation et les plaisirs. Comparons ces deux genres d'hommes, et voyons ensuite auquel d'eux(1) nous aimerions mieux ressembler.

XVII.

Sur la Familiarité.

Il n'est point de meilleure école ni plus nécessaire que la familiarité. Un homme qui s'est retranché toute sa vie dans un caractère réservé, fait les fautes les plus grossières lorsque les occasions l'obligent d'en sortir et que les affaires l'engagent. Ce n'est que par la familiarité que l'on guérit de la présomption, de la timidité, de la sotte hauteur; ce n'est que dans un commerce libre et ingénu qu'on peut bien connaître les hommes; qu'on se tâte, qu'on se démêle, et qu'on se mesure avec eux : là on voit l'humanité nue avec toutes ses faiblesses et toutes ses forces; là se découvrent les artifices dont on s'enveloppe pour imposer en public; là paraît la stérilité de notre esprit, la violence et la petitesse de notre amour-propre, l'imposture de nos vertus.

Ceux qui n'ont pas le courage de chercher la vérité dans ces rudes épreuves, sont profondé-

(1) Il faut, *auquel d'entre eux*. S.

ment au-dessous de tout ce qu'il y a de grand ; surtout c'est une chose basse que de craindre la raillerie (1), qui nous aide à fouler aux pieds notre amour-propre, et qui émousse, par l'habitude de souffrir, ses honteuses délicatesses.

XVIII.

Nécessité de faire des fautes.

Il ne faut pas être timide de peur de faire des fautes; la plus grande faute de toutes est de se priver de l'expérience. Soyons très-persuadés qu'il n'y a que les gens faibles qui aient cette crainte excessive de tomber et de laisser voir leurs défauts; ils évitent les occasions où ils pourraient broncher et être humiliés; ils rasent timidement la terre, n'osent rien donner au hasard, et meurent avec toutes leurs faiblesses qu'ils n'ont pu cacher. Qui voudra se former au grand, doit risquer de faire des fautes, et ne pas s'y laisser abattre, ni craindre de se découvrir (2); ceux qui pénétreront ses faibles, tâcheront de s'en

(1) Expression négligée. Ce mot vague de *chose* doit être employé très-sobrement. Je ne sais si l'on peut appeler *bassesse*, en aucun sens, *la crainte de la raillerie*. S.

Bassesse est ici, je crois, pour *faiblesse*. M.

(2) Pour *se laisser abattre;* c'est une négligence. *Se découvrir* signifie ici *laisser apercevoir ses fautes*. S.

prévaloir ; mais ils le pourront rarement. Le cardinal de Retz disait à ses principaux domestiques : « Vous êtes deux ou trois à qui je n'ai pu « me dérober ; mais j'ai si bien établi ma répu- « tation, et par vous-mêmes, qu'il vous serait « impossible de me nuire quand vous le vou- « driez. » Il ne mentait pas : son historien rapporte qu'il s'était battu avec un de ses écuyers, qui l'avait accablé de coups, sans qu'une aventure si humiliante pour un homme de ce caractère et de ce rang, ait pu lui abattre le cœur ou faire aucun tort à sa gloire : mais cela n'est pas surprenant; combien d'hommes déshonorés soutiennent par leur seule audace la conviction publique de leur infamie, et font face à toute la terre ? Si l'effronterie peut autant, que ne fera pas la constance ? Le courage surmonte tout.

XIX.

Sur la Libéralité.

Un homme très-jeune peut se reprocher comme une vanité onéreuse et inutile la secrète complaisance qu'il y a à donner. J'ai eu cette crainte moimême avant de connaître le monde : quand j'ai vu l'étroite indigence où vivent la plupart des hommes, et l'énorme pouvoir de l'intérêt sur tous les cœurs, j'ai changé d'avis, et j'ai dit : Voulez-vous que tout ce qui vous environne vous montre un visage content, vos enfans, vos domestiques, votre femme, vos amis et vos ennemis, soyez libéral ; voulez-vous conserver impunément beaucoup de vices (1), avez-vous besoin qu'on vous pardonne des mœurs singulières ou des ridicules; voulez-vous rendre vos plaisirs faciles, et faire que les hommes vous abandonnent leur conscience, leur honneur, leurs préjugés, ceux même dont ils font plus de bruit ? tout cela dépendra de vous ; quelque affaire que vous ayez, et quels que puissent être les hommes avec qui vous voulez traiter, vous ne trouverez rien de difficile si vous savez donner à propos. L'économe qui a des vues courtes n'est pas seulement en garde contre ceux qui peuvent le tromper, il appréhende aussi d'être dupe de lui-même ; s'il achète quelque plaisir qu'il lui eût été impossible de se procurer

(1) Dans cet article, Vauvenargues semblerait mettre au nombre des avantages de la libéralité le droit de *conserver impunément beaucoup de vices ;* ce qui n'est ni ne peut être son projet, comme on peut s'en convaincre par la pureté du reste de sa morale. Mais ayant à démontrer les avantages que procure la libéralité, il a voulu commencer par démontrer le pouvoir qu'elle a de tout obtenir des hommes, et n'a pas assez distingué ce qui sert de preuve de son pouvoir d'avec la démonstration de ses avantages. S.

autrement, il s'en accuse aussitôt comme d'une faiblesse : lorsqu'il voit un homme qui se plaît à faire louer sa générosité et à surpayer les services, il le plaint de cette illusion : croyez-vous de bonne foi, lui dit-il, qu'on vous en ait plus d'obligation ? Un misérable se présente à lui, qu'il pourrait soulager et combler de joie à peu de frais ; il en a d'abord compassion, et puis il se reprend et pense : c'est un homme que je ne verrai plus. Un autre malheureux s'offre encore à lui, et il fait le même raisonnement. Ainsi toute sa vie se passe sans qu'il trouve l'occasion d'obliger personne, de se faire aimer, d'acquérir une considération utile et légitime : il est défiant et inquiet, sévère à lui-même et aux siens, père et maître dur et fâcheux ; les détails frivoles de son domestique le brouillent (1) comme les affaires les plus importantes, parce qu'il les traite avec la même exactitude : il ne pense pas que ses soins puissent être mieux employés, incapable de concevoir le prix du temps, la réalité du mérite et l'utilité des plaisirs.

Il faut avouer ce qui est vrai : il est difficile, surtout aux ambitieux, de conduire une fortune médiocre avec sagesse, et de satisfaire en même temps des inclinations libérales, des besoins pré-

(1) Expression familière et négligée pour le *troublent*. S.

sens, etc.; mais ceux qui ont l'esprit véritablement élevé se déterminent selon l'occurrence, par des sentimens où la prudence ordinaire ne saurait atteindre: je vais m'expliquer. Un homme né vain et paresseux, qui vit sans dessein et sans principes, cède indifféremment à toutes ses fantaisies, achète un cheval trois cents pistoles, qu'il laisse pour cinquante quelques mois après; donne dix louis à un joueur de gobelets qui lui a montré quelques tours, et se fait appeler en justice par un domestique qu'il a renvoyé injustement, et auquel il refuse de payer des avances faites à son service.

Quiconque a naturellement beaucoup de fantaisies, a peu de jugement, et l'ame probablement faible. Je méprise autant que personne des hommes de ce caractère; mais je dis hardiment aux autres : Apprenons à subordonner les petits intérêts aux grands, même éloignés, et faisons généreusement et sans compter, tout le bien qui tente nos cœurs : on ne peut être dupe d'aucune vertu.

XX.

Maxime de Pascal, expliquée.

Le peuple et les habiles composent, pour l'ordinaire, le train du monde; les autres le mépri-

sent, et en sont méprisés (1) : maxime admirable de Pascal, mais qu'il faut bien entendre. Qui croirait que Pascal a voulu dire que les habiles doivent vivre dans l'inapplication et la mollesse, etc., condamnerait toute la vie de Pascal par sa propre maxime ; car personne n'a moins vécu comme le peuple que Pascal à ces égards : donc le vrai sens de Pascal, c'est que tout homme qui cherche à se distinguer par des apparences singulières, qui ne rejette pas les maximes vulgaires, parce qu'elles sont mauvaises, mais parce qu'elles sont vulgaires ; qui s'attache à des sciences stériles, purement curieuses et de nul usage dans le monde ; qui est pourtant gonflé de cette fausse science, et ne peut arriver à la véritable ; un tel homme, comme il dit plus haut, trouble le monde, et juge plus mal que les autres. En deux mots, voici sa pensée, expliquée d'une autre manière : Ceux qui n'ont qu'un esprit médiocre ne pénètrent pas jusqu'au bien ou jusqu'à la nécessité qui autorise certains usages, et s'érigent mal à propos en réformateurs de leur siècle : les habiles mettent à profit la coutume bonne ou mauvaise, abandonnent leur extérieur aux légèretés de la mode, et savent se proportionner au besoin de tous les esprits.

(1) Pensées de Pascal, Ire. partie, art. VI, pensée XXV. Édit.

XXI.

L'Esprit naturel et le simple.

L'esprit naturel et le simple peuvent en mille manières se confondre, et ne sont pas néanmoins toujours semblables. On appelle esprit naturel, un instinct qui prévient la réflexion, et se caractérise par la promptitude et par la vérité du sentiment. Cette aimable disposition prouve moins ordinairement une grande sagacité qu'une ame naturellement vive et sincère, qui ne peut retenir ni farder sa pensée, et la produit toujours avec la grâce d'un secret échappé à la franchise. La simplicité est aussi un don de l'ame, qu'on reçoit immédiatement de la nature et qui en porte le caractère : elle ne suppose pas nécessairement l'esprit supérieur, mais il est ordinaire qu'elle l'accompagne ; elle exclut toute sorte de vanités et d'affectations, témoigne un esprit juste, un cœur noble, un sens droit, un naturel riche et modeste, qui peut tout puiser dans son fonds et ne veut se parer de rien. Ces deux caractères comparés ensemble, je crois sentir que la simplicité est la perfection de l'esprit naturel ; et je ne suis plus étonné de la rencontrer si souvent dans les grands hommes : les autres ont trop peu de fonds et trop de vanité pour s'arrêter dans leur propre sphère, qu'ils sentent si petite et si bornée.

XXII.

Du Bonheur.

Quand on pense que le bonheur dépend beaucoup du caractère, on a raison; si on ajoute que la fortune y est indifférente, c'est aller trop loin : il est faux encore que la raison n'y puisse rien, ou qu'elle y puisse tout.

On sait que le bonheur dépend aussi des rapports de notre condition avec nos passions : on n'est pas nécessairement heureux par l'accord de ces deux parties ; mais on est toujours malheureux par leur opposition et par leur contraste : de même la prospérité ne nous satisfait pas infailliblement; mais l'adversité nous apporte un mécontentement inévitable.

Parce que notre condition naturelle est misérable, il ne s'ensuit pas qu'elle le soit également pour tous; qu'il n'y ait pas dans la même vie des temps plus ou moins agréables, des degrés de bonheur et d'affliction: donc les circonstances différentes décident beaucoup ; et on a tort de condamner les malheureux, comme incapables, par leur caractère, de bonheur.

XXIII.

Conseils à un jeune homme.

§ I.

Que je serai fâché, mon cher ami, si vous adoptez des maximes qui puissent vous nuire! Je vois avec regret que vous abandonnez par complaisance tout ce que la nature a mis en vous. Vous avez honte de votre raison, qui devrait faire honte à ceux qui en manquent. Vous vous défiez de la force et de la hauteur de votre ame, et vous ne vous défiez pas des mauvais exemples. Vous êtes-vous donc persuadé qu'avec un esprit très-ardent et un caractère élevé, vous puissiez vivre honteusement dans la mollesse comme un homme fou et frivole? Et qui vous assure que vous ne serez pas même méprisé dans cette carrière, étant né pour une autre? Vous vous inquiétez trop des injustices que l'on peut vous faire, et de ce qu'on pense de vous. Qui aurait cultivé la vertu, qui aurait tenté ou sa réputation (1), ou sa fortune par des voies hardies, s'il avait attendu que les louanges l'y encoura-

(1) On ne dirait pas *tenter sa réputation,* pour *tenter de se faire une réputation;* mais l'accouplement de deux choses excuse cette tournure. *Sa* n'est pas bon; il faut *la.* M.

geassent? Les hommes ne se rendent d'ordinaire sur le mérite d'autrui qu'à la dernière extrémité. Ceux que nous croyons nos amis sont assez souvent les derniers à nous accorder leur aveu. On a toujours dit que personne n'a créance parmi les siens; pourquoi? parce que les plus grands hommes ont eu leurs progrès comme nous. Ceux qui les ont connus dans les imperfections de leurs commencemens, se les représentent toujours dans cette première faiblesse, et ne peuvent souffrir qu'ils sortent de l'égalité imaginaire où ils se croyaient avec eux : mais les étrangers sont plus justes, et enfin le mérite et le courage triomphent de tout.

§ II.

Êtes-vous bien aise de savoir, mon cher ami, ce que bien des femmes appellent quelquefois un homme aimable? C'est un homme que personne n'aime, qui lui-même n'aime que soi et son plaisir, et en fait profession avec impudence; un homme par conséquent inutile aux autres hommes, qui pèse à la petite société qu'il tyrannise; qui est vain, avantageux, méchant même par principe; un esprit léger et frivole, qui n'a point de goût décidé; qui n'estime les choses et ne les recherche jamais pour elles-mêmes, mais uniquement selon la considération qu'il y croit attachée, et fait tout par ostentation; un homme souverainement confiant et dédaigneux, qui méprise les affaires et ceux qui les traitent, le gouvernement et les ministres, les ouvrages et les auteurs; qui se persuade que toutes ces choses ne méritent pas qu'il s'y applique, et n'estime rien de solide que d'avoir des bonnes fortunes, ou le don de dire des riens; qui prétend néanmoins à tout, et parle de tout sans pudeur; en un mot un fat sans vertus, sans talens, sans goût de la gloire, qui ne prend jamais dans les choses que ce qu'elles ont de plaisant, et met son principal mérite à tourner continuellement en ridicule tout ce qu'il connaît sur la terre de sérieux et de respectable.

Gardez-vous donc bien de prendre pour le monde ce petit cercle de gens insolens, qui ne comptent eux-mêmes pour rien le reste des hommes, et n'en sont pas moins méprisés. Des hommes si présomptueux passeront aussi vite que leurs modes, et n'ont pas plus de part au gouvernement du monde que les comédiens et les danseurs de corde : si le hasard leur donne sur quelque théâtre du crédit, c'est la honte de cette nation et la marque de la décadence des esprits. Il faut renoncer à la faveur lorsqu'elle sera leur partage : vous y perdrez moins qu'on ne pense ; ils auront les emplois, vous aurez les talens ; ils auront les honneurs, vous la vertu. Voudriez-vous obtenir leurs places au prix de leurs déréglemens, et par leurs frivoles intrigues ? Vous le tenteriez en vain : il est aussi difficile de contrefaire la fatuité que la véritable vertu.

§ III.

Que le sentiment de vos faiblesses, mon aimable ami, ne vous tienne pas abattu. Lisez ce qui nous reste des plus grands hommes ; les erreurs de leur premier âge, effacées par la gloire de leur nom, n'ont pas toujours été jusqu'à leurs historiens ; mais eux-mêmes les ont avouées en quelque sorte. Ce sont eux qui nous ont appris que tout est vanité sous le soleil ; ils avaient donc éprouvé, comme tous les autres, de s'enorgueillir, de s'abattre, de se préoccuper de petites choses. Ils s'étaient trompés mille fois dans leurs raisonnemens et leurs conjectures ; ils avaient eu la profonde humiliation d'avoir tort avec leurs inférieurs. Les défauts qu'ils cachaient avec le plus de soin, leur étaient souvent échappés ; ainsi ils avaient été accablés en même temps par leur conscience et par la conviction publique ; en un mot, c'étaient de grands hommes, mais c'étaient des hommes, et ils supportaient leurs défauts. On peut se consoler d'éprouver leurs faiblesses, lorsque l'on se sent le courage de cultiver leurs vertus.

§ IV.

Aimez la familiarité, mon cher ami ; elle rend l'esprit souple, délié, modeste, maniable, déconcerte la vanité, et donne, sous un air de liberté et de franchise, une prudence qui n'est pas fondée sur les illusions de l'esprit, mais sur les principes indubitables de l'expérience. Ceux qui ne sortent pas d'eux-mêmes sont tout d'une pièce ; ils craignent les hommes qu'ils ne connaissent pas, ils les évitent, ils se cachent au monde et à eux-mêmes, et leur cœur est toujours serré. Donnez plus d'essor à votre ame, et n'appréhendez rien des suites ; les hommes sont faits de manière qu'ils n'aperçoivent pas une partie des choses qu'on leur découvre (1), et qu'ils oublient aisément l'autre. Vous verrez d'ailleurs que le cercle où l'on a passé sa jeunesse

(1) Cette tournure paraît amphibologique et pourrait signifier qu'*ils n'aperçoivent pas même une partie des choses ;* au lieu qu'elle signifie simplement qu'*il y a une partie des choses qu'ils n'aperçoivent pas*, etc. S.

se dissipe insensiblement : ceux qui le composaient s'éloignent, et la société se renouvelle. Ainsi l'on entre dans un autre cercle tout instruit : alors si la fortune vous met dans des places où il soit dangereux de vous communiquer, vous aurez assez d'expérience pour agir par vous-même et vous passer d'appui. Vous saurez vous servir des hommes et vous en défendre ; vous les connaîtrez ; enfin vous aurez la sagesse dont les gens timides ont voulu se revêtir avant le temps, et qui est avortée dans leur sein.

§ V.

Voulez-vous avoir la paix avec les hommes, ne leur contestez pas les qualités dont ils se piquent ; ce sont celles qu'ils mettent ordinairement à plus haut prix ; c'est un point capital pour eux. Souffrez donc qu'ils se fassent un mérite d'être plus délicats que vous, de se connaître en bonne chère, d'avoir des insomnies ou des vapeurs : laissez-leur croire aussi qu'ils sont aimables, amusans, plaisans, singuliers; et s'ils avaient des prétentions plus hautes, passez-leur encore (1). La plus grande de toutes les imprudences est de se piquer de quelque chose : le

(1) Il faut *passez-les leur encore*, ou au moins *passez-le leur encore*. M.

malheur de la plupart des hommes ne vient que de là : je veux dire de s'être engagé publiquement à soutenir un certain caractère, ou à faire fortune, ou à paraître riches, ou à faire métier d'esprit. Voyez ceux qui se piquent d'être riches : le dérangement de leurs affaires les fait croire souvent plus pauvres qu'ils ne sont ; et enfin ils le deviennent effectivement, et passent leur vie dans une tension d'esprit continuelle, qui découvre la médiocrité de leur fortune et l'excès de leur vanité. Cet exemple se peut appliquer à tous ceux qui ont des prétentions. S'ils dérogent, s'ils se démentent, le monde jouit avec ironie de leur chagrin ; et confondus dans les choses auxquelles ils se sont attachés, ils demeurent sans ressource en proie à la raillerie la plus amère. Qu'un autre homme échoue dans les mêmes choses ; on peut croire que c'est par paresse, ou pour les avoir négligées. Enfin, on n'a pas son aveu sur le mérite des avantages qui lui manquent ; mais s'il réussit, quels éloges ! Comme il n'a pas mis ce succès au prix de celui qui s'en pique, on croit lui accorder moins et l'obliger cependant davantage ; car ne paraissant pas prétendre à la gloire qui vient à lui, on espère qu'il la recevra en pur don, et l'autre nous la demandait comme une dette.

§ VI.

C'est une maxime du cardinal de Retz, qu'il faut tâcher de former ses projets de façon que leur irréussite même soit suivie de quelque avantage : et cette maxime est très-bonne.

Dans les situations désespérées, on peut prendre des partis violens; mais il faut qu'elles soient désespérées. Les grands hommes s'y abandonnent quelquefois par une secrète confiance des ressources (1) qu'ils ont pour subsister dans les extrémités, ou pour en sortir à leur gloire. Ces exemples sont sans conséquence pour les autres hommes.

C'est une faute commune, lorsqu'on fait un plan, de songer aux choses sans songer à soi. On prévoit les difficultés attachées aux affaires; celles qui naîtront de notre fonds, rarement.

Si pourtant on est obligé à prendre des résolutions extrêmes, il faut les embrasser avec courage, et sans prendre conseil des gens médiocres; car ceux-ci ne comprennent pas qu'on puisse assez souffrir dans la médiocrité qui est leur état naturel, pour vouloir en sortir par de si grands hasards, ni qu'on puisse durer dans ces extrémités qui sont hors de la sphère de leurs

(1) Il faut *confiance aux ressources*. M.

sentimens. Cachez-vous des esprits timides. Quand vous leur auriez arraché leur approbation par surprise, ou par la force de vos raisons, rendus à eux-mêmes, le tempérament les ramenerait bientôt à leurs principes, et vous les rendrait plus contraires.

Croyez qu'il y a toujours, dans le cours de la vie, beaucoup de choses qu'il faut hasarder, et beaucoup d'autres qu'il faut mépriser : et consultez en cela votre raison et vos forces.

Ne comptez sur aucun ami dans le malheur (1). Mettez toute votre confiance dans votre courage et dans les ressources de votre esprit. Faites-vous, s'il se peut, une destinée qui ne dépende pas de la bonté trop inconstante et trop peu commune des hommes. Si vous méritez des honneurs, si vous forcez le monde à vous estimer, si la gloire suit votre vie, vous ne manquerez ni d'amis fidèles, ni de protecteurs, ni d'admirateurs.

Soyez donc d'abord par vous-même, si vous voulez vous acquérir les étrangers. Ce n'est point à une ame courageuse à attendre son sort

(1) Vauvenargues ne veut point dire ici qu'*il n'est point d'ami qu'on puisse espérer de conserver dans le malheur*, mais simplement que *ce n'est point sur ses amis qu'il faut se reposer dans le malheur*, et qu'*on doit tirer ses ressources de soi-même*. S.

de la seule faveur et du seul caprice d'autrui. C'est à son travail à lui faire une destinée digne d'elle.

§ VII.

Il faut que je vous avertisse d'une chose, mon très-cher ami ; les hommes se recherchent quelquefois avec empressement, mais ils se dégoûtent aisément les uns des autres ; cependant la paresse les retient long-temps ensemble après que leur goût est usé. Le plaisir, l'amitié, l'estime (liens fragiles) ne les attachent plus ; l'habitude les asservit. Fuyez ces commerces stériles, d'où l'instruction et la confiance sont bannies : le cœur s'y dessèche et s'y gâte ; l'imagination y périt, etc.

Conservez toujours néanmoins avec tout le monde la douceur de vos sentimens. Faites-vous une étude de la patience, et sachez céder par raison, comme on cède aux enfans qui n'en sont pas capables (1), et ne peuvent vous offenser. Abandonnez surtout aux hommes vains cet empire extérieur et ridicule qu'ils affectent : il n'y a de supériorité réelle que celle de la vertu et du génie.

Voyez des mêmes yeux, s'il est possible, l'injustice de vos amis ; soit qu'ils se familiarisent

(1) Cette tournure est négligée. S.

par une longue habitude avec vos avantages, soit que par une secrète jalousie ils cessent de les reconnoître, ils ne peuvent vous les faire perdre. Soyez donc froid là-dessus : un favori admis à la familiarité de son maître, un domestique, aiment mieux dans la suite se faire chasser que de vivre dans la modestie de leur condition. C'est ainsi que sont faits les hommes; vos amis croiront s'être acquis par la connaissance de vos défauts une sorte de supériorité sur vous : les hommes se croient supérieurs aux défauts qu'ils peuvent sentir; c'est ce qui fait qu'on juge dans le monde si sévèrement des actions, des discours, et des écrits d'autrui. Mais pardonnez-leur jusqu'à cette connaissance de vos défauts, et les avantages frivoles qu'ils essaieront d'en tirer : ne leur demandez pas la même perfection qu'ils semblent exiger de vous. Il y a des hommes qui ont de l'esprit et un bon cœur, mais remplis de délicatesses fatigantes; ils sont pointilleux, difficiles, attentifs, défians, jaloux; ils se fâchent de peu de chose, et auraient honte de revenir les premiers : tout ce qu'ils mettent dans la société, ils craignent qu'on ne pense qu'ils le doivent. N'ayez pas la faiblesse de renoncer à leur amitié par vanité ou par impatience, lorsqu'elle peut encore vous être utile ou agréable; et enfin, quand vous voudrez rompre, faites qu'ils croient eux-mêmes vous avoir quitté.

Au reste, s'ils sont dans le secret de vos affaires ou de vos faiblesses, n'en ayez jamais de regret. Ce que l'on ne confie que par vanité et sans dessein, donne un cruel repentir; mais lorsqu'on ne s'est mis entre les mains de son ami que pour s'enhardir dans ses idées, pour les corriger, pour tirer du fond de son cœur la vérité, et pour épuiser par la confiance les ressources de son esprit, alors on est payé d'avance de tout ce qu'on peut en souffrir.

§ VIII.

Que je vous estime, mon très-cher ami, de mépriser les petites finesses dont on s'aide pour en imposer! Laissez-les constamment à ceux qui craignent d'être approfondis, qui cherchent à se maintenir par des amitiés ménagées, ou par des froideurs concertées, et attendent toujours qu'on les prévienne. Il est bon de vous faire une nécessité de plaire par un vrai mérite, au hasard même de déplaire à bien des hommes; ce n'est pas un grand mal de ne pas réussir avec toute sorte de gens, ou de les perdre après les avoir attachés. Il faut supporter, mon ami, que l'on se dégoûte de vous, comme on se dégoûte des autres biens. Les hommes ne sont pas touchés long-temps des mêmes choses; mais les choses dont ils se lassent n'en sont pas, de leur aveu, pires. Que cela vous empêche seulement de vous reposer sur vous-même; on ne peut conserver aucun avantage que par les efforts qui l'acquièrent.

§ IX.

Si vous avez quelque passion qui élève vos sentimens, qui vous rende plus généreux, plus compatissant, plus humain, qu'elle vous soit chère.

Par une raison fort semblable, lorsque vous aurez attaché à votre service des hommes qui sauront vous plaire, passez-leur beaucoup de défauts. Vous serez peut-être plus mal servi, mais vous serez meilleur maître : il faut laisser aux hommes de basse extraction la crainte de faire vivre d'autres hommes qui ne gagnent pas assez laborieusement leur salaire. Heureux qui leur peut adoucir les peines de leur condition !

En toute occasion, quand vous vous sentirez porté vers quelque bien, lorsque votre beau naturel vous sollicitera pour les misérables, hâtez-vous de vous satisfaire. Craignez que le temps, le conseil, n'emportent ces bons sentimens, et n'exposez pas votre cœur à perdre un si cher avantage. Mon bon ami, il ne tient pas à vous de devenir riche, d'obtenir des emplois ou des honneurs; mais rien ne vous peut empêcher d'être bon, généreux et sage. Préférez la vertu à tout: vous n'y aurez jamais de regret. Il peut arriver que les hommes qui sont envieux et légers vous fassent éprouver un jour leur injustice. Des gens méprisables usurpent la réputation due au mérite, et jouissent insolemment de son partage: c'est un mal; mais il n'est pas tel que le monde se le figure; la vertu vaut mieux que la gloire.

§ X.

Mon très-cher ami, sentez-vous votre esprit pressé et à l'étroit dans votre état? c'est une preuve que vous êtes né pour une meilleure fortune; il faut donc sortir de vos voies, et marcher dans un champ moins limité.

Ne vous amusez pas à vous plaindre, rien n'est moins utile; mais fixez d'abord vos regards autour de vous: on a quelquefois dans sa main des ressources que l'on ignore. Si vous n'en découvrez aucune, au lieu de vous morfondre tristement dans cette vue, osez prendre un plus grand essor: un tour d'imagination un peu hardi nous ouvre souvent des chemins pleins de lumière. Quiconque connaît la portée de l'esprit humain tente quelquefois des moyens qui paraissent impraticables aux autres hommes. C'est avoir l'esprit chimérique que de négliger les facilités ordinaires pour suivre des hasards et des apparences ; mais lorsqu'on sait bien allier les grands et les petits moyens et les employer de concert, je crois qu'on aurait tort de craindre non-seulement l'opinion du monde, qui rejette toute sorte de hardiesse dans les malheureux, mais même les contradictions de la fortune.

Laissez croire à ceux qui le veulent croire, que l'on est misérable dans les embarras des grands desseins. C'est dans l'oisiveté et la petitesse que la vertu souffre, lorsqu'une prudence timide l'empêche de prendre l'essor, et la fait ramper dans ses liens : mais le malheur même a ses charmes dans les grandes extrémités ; car cette opposition de la fortune élève un esprit courageux, et lui fait ramasser toutes ses forces, qu'il n'employait pas.

§ XI.

Nous jugeons rarement des choses, mon aimable ami, par ce qu'elles sont en elles-mêmes ; nous ne rougissons pas du vice, mais du déshonneur. Tel ne ferait pas scrupule d'être fourbe, qui est honteux de passer pour tel, même injustement.

Nous demeurons flétris et avilis à nos propres yeux, tant que nous croyons l'être à ceux du monde ; nous ne mesurons pas nos fautes par la vérité, mais par l'opinion. Qu'un homme séduise une femme sans l'aimer, et l'abandonne après l'avoir séduite, peut-être qu'il en fera gloire ; mais si cette femme le trompe lui-même, qu'il n'en soit pas aimé quoiqu'amoureux, et que cependant il croie l'être ; s'il découvre la vérité, et que cette femme infidèle se donnait par goût à un autre lorsqu'elle se faisait payer à lui de ses rigueurs, sa défaite et sa confusion ne se pourront pas exprimer, et on le verra pâlir à table sans cause apparente, dès qu'un mot jeté au hasard lui rapprochera cette idée (1).

Un autre rougit d'aimer son esclave qui a des vertus, et se donne publiquement pour le possesseur d'une femme sans mérite, que même il n'a pas. Ainsi on affiche des vices effectifs ; et si de certaines faiblesses pardonnables venaient à paraître, on s'en trouverait accablé.

Je ne fais pas ces réflexions pour encourager les gens bas, car ils n'ont que trop d'impudence. Je parle pour ces ames fières et délicates qui s'exagèrent leurs propres faiblesses, et ne peuvent

(1) Je ne sais si cette tournure peut être employée pour *lui rappellera cette idée*. S.

souffrir la conviction publique de leurs fautes.

Alexandre ne voulait plus vivre après avoir tué Clitus; sa grande ame était consternée d'un emportement si funeste. Je le loue d'être devenu par là plus tempérant; mais s'il eût perdu le courage d'achever ses vastes desseins, et qu'il n'eût pu sortir de cet horrible abattement où d'abord il était plongé, le ressentiment de sa faute l'eût poussé trop loin.

Mon ami, n'oubliez jamais que rien ne nous peut garantir de commettre beaucoup de fautes. Sachez que le même génie qui fait la vertu, produit quelquefois de grands vices. La valeur et la présomption, la justice et la dureté, la sagesse et la volupté, se sont mille fois confondues, succédées ou alliées. Les extrémités se rencontrent et se réunissent en nous. Ne nous laissons donc pas abattre. Consolons-nous de nos défauts, puisqu'ils nous laissent toutes nos vertus; que le sentiment de nos faiblesses ne nous fasse pas perdre celui de nos forces: il est de l'essence de l'esprit de se tromper; le cœur a aussi ses erreurs. Avant de rougir d'être faible, mon très-cher ami, nous serions moins déraisonnables de rougir d'être hommes.

RÉFLEXIONS
CRITIQUES
SUR QUELQUES POÈTES.

I.

LA FONTAINE.

Lorsqu'on a entendu parler de La Fontaine, et qu'on vient à lire ses ouvrages, on est étonné d'y trouver, je ne dis pas plus de génie, mais plus même de ce qu'on appelle de l'esprit, qu'on n'en trouve dans le monde le plus cultivé. On remarque avec la même surprise la profonde intelligence qu'il fait paraître de son art; et on admire qu'un esprit si fin ait été en même temps si naturel.

Il serait superflu de s'arrêter à louer l'harmonie variée et légère de ses vers; la grâce, le tour, l'élégance, les charmes naïfs de son style et de son badinage. Je remarquerai seulement que le bon sens et la simplicité sont les caractères dominans de ses écrits. Il est bon d'opposer un tel exemple à ceux qui cherchent la grâce et le brillant hors de la raison et de la nature. La simplicité de La Fontaine donne de la grâce à son bon sens, et son bon sens rend sa simplicité piquante : desorte que le brillant de ses ouvrages naît peut-être essentiellement de ces deux sources réunies. Rien n'empêche au moins de le croire; car pourquoi le bon sens, qui est un don de la nature, n'en aurait-il pas l'agrément? La raison ne déplaît, dans la plupart des hommes, que parce qu'elle leur est étrangère. Un bon sens naturel est presque inséparable d'une grande simplicité; et une simplicité éclairée est un charme que rien n'égale.

Je ne donne pas ces louanges aux grâces d'un homme si sage, pour dissimuler ses défauts. Je crois qu'on peut trouver dans ses écrits plus de style que d'invention, et plus de négligence que d'exactitude. Le nœud et le fond de ses contes ont peu d'intérêt, et les sujets en sont bas. On y remarque quelquefois bien des longueurs, et un air de crapule qui ne saurait plaire. Ni cet auteur n'est parfait en ce genre, ni ce genre n'est assez noble.

II.

BOILEAU.

Boileau prouve, autant par son exemple que par ses préceptes, que toutes les beautés des bons ouvrages naissent de la vive expression et de la peinture du vrai ; mais cette expression si touchante appartient moins à la réflexion, sujette à l'erreur, qu'à un sentiment très-intime et très-fidèle de la nature. La raison n'était pas distincte, dans Boileau, du sentiment : c'était son instinct. Aussi a-t-elle animé ses écrits de cet intérêt qu'il est si rare de rencontrer dans les ouvrages didactiques.

Cela met, je crois, dans son jour, ce que je viens de toucher en parlant de La Fontaine. S'il n'est pas ordinaire de trouver de l'agrément parmi ceux qui se piquent d'être raisonnables, c'est peut-être parce que la raison est entrée dans leur esprit, où elle n'a qu'une vie artificielle et empruntée, c'est parce qu'on honore trop souvent du nom de raison une certaine médiocrité de sentiment et de génie, qui assujétit les hommes aux lois de l'usage, et les détourne des grandes hardiesses, sources ordinaires des grandes fautes.

Boileau ne s'est pas contenté de mettre de la vérité et de la poésie dans ses ouvrages, il a enseigné son art aux autres. Il a éclairé tout son siècle ; il en a banni le faux goût, autant qu'il est permis de le bannir chez les hommes. Il fallait qu'il fût né avec un génie bien singulier, pour échapper, comme il a fait, aux mauvais exemples de ses contemporains, et pour leur imposer ses propres lois. Ceux qui bornent le mérite de sa poésie à l'art et à l'exactitude de sa versification, ne font pas peut-être attention que ses vers sont pleins de pensées, de vivacité, de saillies, et même d'invention de style. Admirable dans la justesse, dans la solidité et la netteté de ses idées, il a su conserver ces caractères dans ses expressions, sans perdre de son feu et de sa force; ce qui témoigne incontestablement un grand talent.

Je sais bien que quelques personnes, dont l'autorité est respectable, ne nomment génie dans les poètes que l'invention dans le dessein de leurs ouvrages. Ce n'est, disent-ils, ni l'harmonie, ni l'élégance des vers, ni l'imagination dans l'expression, ni même l'expression du sentiment, qui caractérisent le poète : ce sont, à leur avis, les pensées mâles et hardies, jointes à l'esprit créateur. Par là on prouverait que Bossuet et Newton ont été les plus grands poètes de la terre; car certainement l'invention, la hardiesse et les pensées mâles ne leur manquaient pas. J'ose leur répondre que c'est confondre les limites des arts, que d'en parler de la sorte. J'ajoute que les plus grands poètes de l'antiquité, tels qu'Homère, Sophocle, Virgile, se trouveraient confondus avec une foule d'écrivains médiocres, si on ne jugeait d'eux que par le plan de leurs poèmes et par l'invention du dessein; et non par l'invention du style, par leur harmonie, par la chaleur de leur versification, et enfin par la vérité de leurs images.

Si l'on est donc fondé à reprocher quelque défaut à Boileau, ce n'est pas, à ce qu'il me semble, le défaut de génie. C'est au contraire d'avoir eu plus de génie que d'étendue ou de profondeur d'esprit, plus de feu et de vérité que d'élévation et de délicatesse, plus de solidité et de sel dans la critique que de finesse ou de gaieté, et plus d'agrément que de grâce : on l'attaque encore sur quelques uns de ses jugemens qui semblent injustes : et je ne prétends pas qu'il fût infaillible.

III.

CHAULIEU.

Chaulieu a su mêler avec une simplicité noble et touchante, l'esprit et le sentiment. Ses vers négligés, mais faciles, et remplis d'imagination, de vivacité et de grâce, m'ont toujours paru supérieurs à sa prose, qui n'est le plus souvent qu'ingénieuse. On ne peut s'empêcher de regretter qu'un auteur si aimable n'ait pas plus écrit, et n'ait pas travaillé avec le même soin tous ses ouvrages.

Quelque différence que l'on ait mise, avec beaucoup de raison, entre l'esprit et le génie, il semble que le génie de l'abbé de Chaulieu ne soit essentiellement que beaucoup d'esprit naturel. Cependant il est remarquable que tout cet esprit n'a pu faire d'un poète, d'ailleurs si aimable, un grand homme ni un grand génie.

IV.

MOLIÈRE.

Molière me paraît un peu répréhensible d'avoir pris des sujets trop bas (1). La Bruyère, animé à peu près du même génie, a peint avec la

(1) Il semble que les *Femmes savantes*, le *Tartuffe*, le *Misanthrope* ne sont pas assurément des sujets bas ; la comédie n'en peut guère traiter de plus relevés. Pourquoi l'*Avare* encore serait-il un sujet trop bas pour la comédie? Passe pour les *Fourberies de Scapin*, le *Médecin malgré lui*, *Sganarelle*, et si l'on veut même *Georges Dandin*. Mais c'est d'après les chefs-d'œuvre d'un grand homme qu'on doit juger de son génie et en déterminer le caractère. On sait d'ailleurs que Molière, forcé d'abord de se conformer au goût de son siècle pour en obtenir le droit de le ramener au sien, forcé souvent de faire servir son travail au soutien de la troupe dont il était le directeur, ne fut pas toujours le maître de choisir les sujets de ses comédies, ni d'en soigner l'exécution. S.

même vérité et la même véhémence que Molière, les travers des hommes (1); mais je crois que l'on peut trouver plus d'éloquence et plus d'élévation dans ses peintures.

On peut mettre encore ce poète en parallèle avec Racine. L'un et l'autre ont parfaitement connu le cœur de l'homme : l'un et l'autre se sont attachés à peindre la nature. Racine la saisit dans les passions des grandes ames; Molière dans l'humeur et les bizarreries des gens du commun (2). L'un a joué avec un agrément inexplicable les petits sujets; l'autre a traité les grands avec une sagesse et une majesté touchantes. Molière a ce bel avantage que ses dialogues jamais ne languissent : une forte et continuelle imitation des mœurs passionne ses moindres discours. Cependant, à considérer simplement ces deux auteurs comme poètes, je crois qu'il ne serait pas juste d'en faire comparaison. Sans parler de la supériorité du

(1) On ne peut pas dire que La Bruyère fut animé du même génie que Molière. Vauvenargues disait autrement dans la première édition, toujours en donnant à La Bruyère une sorte de supériorité ; *aussi est-il plus facile de caractériser les hommes que de faire qu'ils se caractérisent eux-mêmes*. On ne voit pas trop pourquoi il a retranché cette phrase, qui était du moins une espèce de correctif. S.

(2) Alceste n'est certainement pas un *homme du commun;* il y a peu de caractères plus nobles. S.

genre sublime (1) donné à Racine, on trouve dans Molière tant de négligences et d'expressions bizarres et impropres, qu'il y a peu de poètes, si j'ose le dire, moins corrects et moins purs que lui.

On peut se convaincre de ce que je dis en lisant le poème du Val-de-Grâce, où Molière n'est que poète : on n'est pas toujours satisfait. *En pensant bien, il parle souvent mal,* dit l'illustre archevêque de Cambrai; *il se sert des phrases les plus forcées et les moins naturelles. Térence dit en quatre mots, avec la plus élégante simplicité, ce que celui-ci ne dit qu'avec une multitude de métaphores qui approchent du galimatias. J'aime bien mieux sa prose que ses vers,* (2) etc.

(1) Cette préférence presque exclusive que donne Vauvenargues au genre sublime, et qui tenait à son caractère, explique son injustice envers Molière; injustice qui, sans cela, serait difficile à concevoir dans un homme d'un esprit aussi juste, et d'un goût généralement aussi sûr que le sien. S.

(2) Le jugement de Fénélon sur Molière nous semble trop intéressant pour que nous puissions nous dispenser de le citer en entier :

« Il faut avouer que Molière est un grand poète comique. Je ne crains pas de dire qu'il a enfoncé plus avant que Térence dans certains caractères; il a embrassé une plus grande variété de sujets; il a peint par des traits forts tout ce que nous voyons de déréglé et de ridicule. Térence se borne à représenter des vieillards avares et ombrageux, des jeunes hommes prodigues, et

Cependant l'opinion commune est qu'aucun des auteurs de notre théâtre n'a porté aussi loin

étourdis, des courtisanes avides et impudentes, des parasites bas et flatteurs, des esclaves imposteurs et scélérats. Ces caractères méritaient sans doute d'être traités suivant les mœurs des Grecs et des Romains. De plus, nous n'avons que six pièces de ce grand auteur. Mais enfin Molière a ouvert un chemin tout nouveau. Encore une fois je le trouve grand : mais ne puis-je pas parler en toute liberté sur ses défauts?

« En pensant bien, il parle souvent mal; il se sert des phrases les plus forcées et les moins naturelles. Térence dit en quatre mots, avec la plus élégante simplicité, ce que celui-ci ne dit qu'avec une multitude de métaphores qui approchent du galimatias. J'aime bien mieux sa prose que ses vers, etc. Par exemple, l'*Avare* est moins mal écrit que les pièces qui sont en vers. Il est vrai que la versification française l'a gêné; il est vrai même qu'il a mieux réussi pour les vers dans l'*Amphitryon*, où il a pris la liberté de faire des vers irréguliers. Mais en général, il me paraît, jusque dans la prose, ne parler point assez simplement pour exprimer toutes les passions.

« D'ailleurs il a outré souvent les caractères : il a voulu, par cette liberté, plaire au parterre, frapper les spectateurs les moins délicats, et rendre le ridicule plus sensible. Mais quoiqu'on doive marquer chaque passion dans son plus fort degré et par les traits les plus vifs pour en mieux montrer l'excès et la difformité, on n'a pas besoin de forcer la nature et d'abandonner le vraisemblable. Ainsi, malgré l'exemple de Plaute, où nous lisons *cedo tertiam*, je soutiens, contre Molière, qu'un avare qui n'est point fou ne va jamais jusqu'à vouloir regarder dans la troisième main de l'homme qu'il soupçonne de l'avoir volé.

« Un autre défaut de Molière, que beaucoup de gens d'esprit lui pardonnent, et que je n'ai garde de lui pardonner, est qu'il son genre que Molière a poussé le sien ; et la raison en est, je crois, qu'il est plus naturel que tous les autres (1).

a donné un tour gracieux au vice, avec une austérité ridicule et odieuse à la vertu. Je comprends que ses défenseurs ne manqueront pas de dire qu'il a traité avec honneur la vraie probité, qu'il n'a attaqué qu'une vertu chagrine et qu'une hypocrisie détestable : mais, sans entrer dans cette longue discussion, je soutiens que Platon et les autres législateurs de l'antiquité païenne n'auraient jamais admis dans leurs républiques un tel jeu sur les mœurs.

« Enfin, je ne puis m'empêcher de croire, avec M. Despréaux, que Molière, qui peint avec tant de force et de beauté les mœurs de son pays, tombe trop bas quand il imite le badinage de la comédie italienne (*a*) :

Dans ce sac ridicule où Scapin s'enveloppe,
Je ne reconnais plus l'auteur du Misanthrope.

Boileau, *Art poétique, Chant III.*

(1) Si Molière n'était que le plus naturel des auteurs dramatiques, il ne serait pas assurément un des premiers, car le naturel n'est un mérite que là où la nature est bonne à imiter. Mais Molière est celui qui a le mieux choisi, le plus approfondi ; comme il est celui qui a le mieux peint, c'est-à-dire qui a le mieux su donner à ses personnages non pas seulement les actions, les discours appartenant à tel caractère, mais pour ainsi dire le maintien, la physionomie, les traits :

Ce n'est pas un portrait, une image semblable,
C'est un amant, un fils, un père véritable.

Est-ce là ce que Vauvenargues a entendu par le plus naturel ? En ce cas, l'expression serait loin de rendre toute la pensée.

(*a*) OEuvres choisies de Fénélon, t. 2, p. 244, *Lettre sur l'éloquence*, § VII, in-8°. Paris, 1821.

C'est une leçon importante pour tous ceux qui veulent écrire.

V, VI.

CORNEILLE ET RACINE.

Je dois à la lecture des ouvrages de M. de Voltaire le peu de connaissance que je puis avoir de la poésie. Je lui proposai mes idées, lorsque j'eus envie de parler de Corneille et de Racine; et il eut la bonté de me marquer les endroits de Corneille qui méritent le plus d'admiration (1),

(1) C'est une chose digne d'être remarquée, que ce fut Voltaire qui força en quelque sorte Vauvenargues à admirer Corneille, dont celui-ci avoue lui-même qu'il n'avait pas senti d'abord les beautés. On est même étonné, en lisant ses lettres à Voltaire, de son aveuglement à cet égard, et de la singularité de ses opinions. Elles cédèrent à l'autorité de Voltaire; mais il n'en revint jamais bien entièrement. On le voit, dans ce parallèle, moins occupé à caractériser Corneille et Racine, qu'à se justifier son extrême prédilection pour ce dernier, dont le genre de beautés était plus conforme à son caractère.

Corneille, à qui il a été donné, comme le dit Vauvenargues, de *peindre les vertus austères, dures, inflexibles*, devait produire bien moins d'effet que Racine sur l'ame d'un homme tel que Vauvenargues, qui, naturellement doux et facile, mêlant toujours l'indulgence aux sentimens les plus élevés, tempérait encore par l'habitude d'une certaine élégance de mœurs, ce que la morale a de plus austère. D'ailleurs à cette préférence pour Racine se joignait encore, pour Vauvenargues, le sentiment de pour répondre à une critique que j'en avais faite. Engagé par là à relire ses meilleures tragédies, j'y trouvai sans peine les rares beautés que m'avait indiquées M. de Voltaire. Je ne m'y étais pas arrêté en lisant autrefois Corneille, refroidi ou prévenu par ses défauts, et né, selon toute apparence, moins sensible au caractère de ses perfections. Cette nouvelle lumière me fit craindre de m'être trompé encore sur Racine et sur les défauts mêmes de Corneille : mais ayant relu l'un et l'autre avec quelque attention, je n'ai pas changé de pensée à cet égard ; et voici ce qu'il me semble de ces hommes illustres.

Les héros de Corneille disent souvent de

l'injustice qu'on faisait à ce grand poète, que généralement on plaçait encore fort au-dessous de Corneille. Vauvenargues et Voltaire sont les premiers qui lui aient assigné son véritable rang, et ses admirateurs les plus vifs et les plus sincères sont de l'école de Voltaire, qui ainsi défendait Corneille contre Vauvenargues, et Racine contre les partisans exclusifs de Corneille. C'est surtout à combattre ces derniers que s'attache Vauvenargues dans son parallèle de Corneille et de Racine, ce qui fait qu'il a dû nécessairement relever davantage les beautés alors moins senties du dernier de ces poètes, et les défauts moins avoués de l'autre. *Si l'on trouve*, dit-il à la fin de cet article, en parlant des jugemens qu'il a portés sur la plupart de nos grands écrivains, *si l'on trouve que je relève davantage les défauts des uns que ceux des autres, je déclare que c'est à cause que les uns me sont plus sensibles que les autres, ou pour éviter de répéter des choses qui sont trop connues*. S.

grandes choses sans les inspirer : ceux de Racine les inspirent sans les dire. Les uns parlent, et toujours trop, afin de se faire connaître ; les autres se font connaître parce qu'ils parlent. Surtout Corneille paraît ignorer que les grands hommes se caractérisent souvent davantage par les choses qu'ils ne disent pas que par celles qu'ils disent.

Lorsque Racine veut peindre Acomat, Osmin l'assure de l'amour des janissaires ; ce visir répond :

> Quoi ! tu crois, cher Osmin, que ma gloire passée
> Flatte encor leur valeur, et vit dans leur pensée ?
> Crois-tu qu'ils me suivraient encore avec plaisir,
> Et qu'ils reconnaîtraient la voix de leur visir ?
>
> BAJAZET, *Acte I, Scène I.*

On voit dans les deux premiers vers, un général disgracié, que le souvenir de sa gloire et l'attachement des soldats attendrissent sensiblement ; dans les deux derniers, un rebelle qui médite quelque dessein : voilà comme il échappe aux hommes de se caractériser sans en avoir l'intention. On en trouverait dans Racine beaucoup d'exemples plus sensibles que celui-ci. On peut voir, dans la même tragédie, que lorsque Roxane, blessée des froideurs de Bajazet, en marque son étonnement à Athalide et que celle-ci proteste que ce prince l'aime, Roxane répond brièvement :

> Il y va de sa vie, au moins, que je le croie.
>
> BAJAZET, *Acte III, Scène VI.*

Ainsi cette sultane ne s'amuse point à dire : « Je suis d'un caractère fier et violent. J'aime « avec jalousie et avec fureur. Je ferai mourir « Bajazet s'il me trahit. » Le poète tait ces détails qu'on pénètre assez d'un coup d'œil, et Roxane se trouve caractérisée avec plus de force. Voilà la manière de peindre de Racine : il est rare qu'il s'en écarte ; et j'en rapporterais de grands exemples, si ses ouvrages étaient moins connus.

Il est vrai qu'il la quitte un peu, par exemple, lorsqu'il met dans la bouche du même Acomat :

> Et, s'il faut que je meure,
> Mourons ; moi, cher Osmin, comme un visir ; et toi,
> Comme le favori d'un homme tel que moi.
>
> BAJAZET, *Acte IV, Scène VII.*

Ces paroles ne sont peut-être pas d'un grand homme ; mais je les cite, parce qu'elles semblent imitées du style de Corneille ; c'est là ce que j'appelle, en quelque sorte, parler pour se faire connaître, et dire de grandes choses sans les inspirer.

Mais écoutons Corneille même, et voyons de quelle manière il caractérise ses personnages. C'est le comte qui parle dans le *Cid* :

> Les exemples vivans sont d'un autre pouvoir ;
> Un prince, dans un livre apprend mal son devoir.
> Et, qu'a fait, après tout, ce grand nombre d'années,
> Que ne puisse égaler une de mes journées ?
> Si vous fûtes vaillant, je le suis aujourd'hui ;
> Et ce bras du royaume est le plus ferme appui.
> Grenade et l'Aragon tremblent quand ce fer brille :
> Mon nom sert de rempart à toute la Castille ;
> Sans moi vous passeriez bientôt sous d'autres lois,
> Et vous auriez bientôt vos ennemis pour rois.
> Chaque jour, chaque instant, pour rehausser ma gloire,
> Met lauriers sur lauriers, victoire sur victoire !
> Le prince à mes côtés ferait, dans les combats,
> L'essai de son courage à l'ombre de mon bras ;
> Il apprendrait à vaincre en me regardant faire,
> Et.....
>
> Le Cid, *Acte I, Scène VI*.

Il n'y a peut-être personne aujourd'hui qui ne sente la ridicule ostentation de ces paroles, et je crois qu'elles ont été citées long-temps avant moi. Il faut les pardonner au temps où Corneille a écrit, et aux mauvais exemples qui l'environnaient. Mais voici d'autres vers qu'on loue encore, et qui, n'étant pas aussi affectés, sont plus propres, par cet endroit même, à faire illusion. C'est Cornélie, veuve de Pompée, qui parle à César :

César; car le destin, que dans tes fers je brave,
M'a fait ta prisonnière, et non pas ton esclave;
Et tu ne prétends pas qu'il m'abatte le cœur,
Jusqu'à te rendre hommage, et te nommer seigneur.
De quelque rude trait qu'il m'ose avoir frappée,
Veuve du jeune Crasse et veuve de Pompée,
Fille de Scipion, et pour dire encor plus,
Romaine, mon courage est encore au-dessus.
. . . .
Je te l'ai déjà dit, César, je suis Romaine :
Et quoique ta captive, un cœur comme le mien,
De peur de s'oublier, ne te demande rien.
Ordonne; et, sans vouloir qu'il tremble ou s'humilie,
Souviens-toi seulement que je suis Cornélie.

POMPÉE, *Acte III, Scène IV.*

Et dans un autre endroit où la même Cornélie parle de César, qui punit les meurtriers du grand Pompée :

Tant d'intérêts sont joints à ceux de mon époux,
Que je ne devrais rien à ce qu'il fait pour nous,
Si, comme par soi-même, un grand cœur juge un autre,
Je n'aimais mieux juger sa vertu par la nôtre;
Et croire que nous seuls armons ce combattant,
Parce qu'au point qu'il est, j'en voudrais faire autant.

POMPÉE, *Acte V, Scène I.*

Il me paraît, dit encore Fénélon (1), *qu'on a donné souvent aux Romains un discours trop*

(1) OEuvres choisies de Fénélon, *Lettre sur l'éloquence*, t. II, § VI, p. 238 et suivantes. Paris, 1821.

fastueux..... Je ne trouve point de proportion entre l'emphase avec laquelle Auguste parle dans la tragédie de Cinna, et la modeste simplicité avec laquelle Suétone le dépeint dans tout le détail de ses mœurs. Tout ce que nous voyons dans Tite-Live, dans Plutarque, dans Cicéron, dans Suétone, nous représente les Romains comme des hommes hautains dans leurs sentimens, mais simples, naturels et modestes dans leurs paroles, etc.

Cette affectation de grandeur que nous leur prêtons, m'a toujours paru le principal défaut de notre théâtre, et l'écueil ordinaire des poètes. Je n'ignore pas que la hauteur est en possession d'en imposer à l'esprit humain; mais rien ne décèle plus parfaitement aux esprits fins une hauteur fausse et contrefaite, qu'un discours fastueux et emphatique.

Il est aisé d'ailleurs aux moindres poètes, de mettre dans la bouche de leurs personnages des paroles fières. Ce qui est difficile, c'est de leur faire tenir ce langage hautain avec vérité et à propos. C'était le talent admirable de Racine, et celui qu'on a le moins remarqué dans ce grand homme. Il y a toujours si peu d'affectation dans ses discours, qu'on ne s'aperçoit pas de la hauteur qu'on y rencontre. Ainsi lorsqu'Agrippine, arrêtée par l'ordre de Néron, est obligée de se justifier, commence par ces mots si simples :

> Approchez-vous, Néron, et prenez votre place.
> On veut, sur vos soupçons, que je vous satisfasse.
>
> BRITANNICUS, *Acte IV*, *Scène II*.

je ne crois pas que beaucoup de personnes fassent attention qu'elle commande en quelque manière à l'empereur de s'approcher et de s'asseoir : elle qui était réduite à rendre compte de sa vie, non à son fils, mais à son maître. Si elle eût dit comme Cornélie :

> Néron; car le destin, que dans tes fers je brave,
> M'a fait ta prisonnière, et non pas ton esclave;
> Et tu ne prétends pas qu'il m'abatte le cœur,
> Jusqu'à te rendre hommage, et te nommer seigneur.

alors je ne doute pas que bien des gens n'eussent applaudi à ces paroles, et les eussent trouvées fort élevées.

Corneille est tombé trop souvent dans ce défaut de prendre l'ostentation pour la hauteur, et la déclamation pour l'éloquence ; et ceux qui se sont aperçus qu'il était peu naturel à beaucoup d'égards, ont dit, pour le justifier, qu'il s'était attaché à peindre les hommes tels qu'ils devaient être. Il est donc vrai du moins qu'il ne les a pas peints tels qu'ils étaient. C'est un grand aveu que cela. Corneille a cru donner sans doute à ses héros un caractère supérieur à celui de la nature. Les peintres n'ont pas eu la même présomption. Lorsqu'ils ont voulu peindre les anges, ils ont pris les traits de l'enfance ; ils ont rendu cet hommage à la nature leur riche modèle. C'était néanmoins un beau champ pour leur imagination ; mais c'est qu'ils étaient persuadés que l'imagination des hommes, d'ailleurs si féconde en chimères, ne pouvait donner de la vie à ses propres inventions. Si Corneille eût fait attention que tous les panégyriques étaient froids, il en aurait trouvé la cause en ce que les orateurs voulaient accommoder les hommes à leurs idées, au lieu de former leurs idées sur les hommes.

Mais l'erreur de Corneille ne me surprend point : le bon goût n'est qu'un sentiment fin et fidèle de la belle nature, et n'appartient qu'à ceux qui ont l'esprit naturel. Corneille, né dans un siècle plein d'affectation, ne pouvait avoir le goût juste. Aussi l'a-t-il fait paraître non-seulement dans ses ouvrages, mais encore dans le choix de ses modèles, qu'il a pris chez les Espagnols et les Latins, auteurs pleins d'enflure, dont il a préféré la force gigantesque à la simplicité plus noble et plus touchante des poètes grecs.

De là ses antithèses affectées, ses négligences basses, ses licences continuelles, son obscurité, sòn emphase, et enfin ces phrases synonymes, où la même pensée est plus remaniée que la division d'un sermon.

De là encore ces disputes opiniâtres, qui refroidissent quelquefois les plus fortes scènes, et où l'on croit assister à une thèse publique de philosophie, qui noue les choses pour les dénouer. Les premiers personnages de ses tragédies argumentent alors avec les tournures et les subtilités de l'école, et s'amusent à faire des jeux frivoles de raisonnemens et de mots, comme des écoliers ou des légistes. C'est ainsi que Cinna dit :

Que le peuple aux tyrans ne soit plus exposé :
S'il eût puni Sylla, César eût moins osé.

CINNA, *Acte II, Scène II.*

Car il n'y a personne qui ne prévienne la réponse de Maxime :

Mais la mort de César, que vous trouvez si juste,
A servi de prétexte aux cruautés d'Auguste.
Voulant nous affranchir, Brute s'est abusé ;
S'il n'eût puni César, Auguste eût moins osé.

CINNA, *Acte II, Scène II.*

Cependant je suis moins choqué de ces subtilités, que des grossièretés de quelques scènes.

Par exemple, lorsque Horace quitte Curiace, c'est-à-dire, dans un dialogue d'ailleurs admirable, Curiace parle ainsi d'abord :

Je vous connais encore, et c'est ce qui me tue.
Mais cette âpre vertu ne m'était point connue :
Comme notre malheur elle est au plus haut point ;
Souffrez que je l'admire, et ne l'imite point.

HORACE, *Acte II, Scène III.*

Horace, le héros de cette tragédie, lui répond :

Non, non, n'embrassez pas de vertu par contrainte ;
Et puisque vous trouvez plus de charme à la plainte,
En toute liberté goûtez un bien si doux.
Voici venir ma sœur pour se plaindre avec vous.

HORACE, *Acte II, Scène III.*

Ici Corneille veut peindre apparemment une valeur féroce ; mais la férocité s'exprime-t-elle ainsi contre un ami et un rival modeste ? La fierté est une passion fort théâtrale ; mais elle dégénère en vanité et en petitesse, sitôt qu'elle se montre sans qu'on la provoque.

Me permettra-t-on de le dire ? Il me semble que l'idée des caractères de Corneille est presque toujours assez grande ; mais l'exécution en est quelquefois bien faible, et le coloris faux ou peu agréable. Quelques uns des caractères de Racine peuvent bien manquer de grandeur dans le dessein ; mais les expressions sont toujours de main de maître, et puisées dans la vérité et la nature. J'ai cru remarquer encore qu'on ne trouvait guère dans les personnages de Corneille, de ces traits simples qui annoncent une grande étendue d'esprit. Ces traits se rencontrent en foule dans Roxane, dans Agrippine, Joad, Acomat, Athalie.

Je ne puis cacher ma pensée : il était donné à Corneille de peindre des vertus austères, dures et inflexibles; mais il appartient à Racine de caractériser les esprits supérieurs, et de les caractériser sans raisonnemens et sans maximes, par la seule nécessité où naissent les grands hommes d'imprimer leur caractère dans leurs expressions. Joad ne se montre jamais avec plus d'avantage que lorsqu'il parle avec une simplicité majestueuse et tendre au petit Joas, et qu'il semble cacher tout son esprit pour se proportionner à cet enfant : de même Athalie. Corneille, au contraire, se guinde souvent pour élever ses personnages; et on est étonné que le même pinceau ait caractérisé quelquefois l'héroïsme avec des traits si naturels et si énergiques.

Que dirai-je encore de la pesanteur qu'il donne quelquefois aux plus grands hommes? Auguste, en parlant à Cinna, fait d'abord un exorde de rhéteur. Remarquez que je prends l'exemple de tous ses défauts dans les scènes les plus admirées.

Prends un siége, Cinna, prends; et sur toute chose
Observe exactement la loi que je t'impose;
Prête, sans me troubler, l'oreille à mes discours;
D'aucun mot, d'aucun cri, n'en interromps le cours;
Tiens ta langue captive; et si ce grand silence
A ton émotion fait trop de violence,
Tu pourras me répondre après tout à loisir :
Sur ce point seulement contente mon désir.

CINNA, *Acte V, Scène I.*

De combien la simplicité d'Agrippine, dans Britannicus, est-elle plus noble et plus naturelle?

Approchez-vous, Néron, et prenez votre place.
On veut, sur vos soupçons, que je vous satisfasse.

BRITANNICUS, *Acte IV, scène II.*

Cependant, lorsqu'on fait le parallèle de ces deux poètes, il semble qu'on ne convienne de l'art de Racine que pour donner à Corneille l'avantage du génie. Qu'on emploie cette distinction pour marquer le caractère d'un faiseur de phrases, je la trouverai raisonnable; mais lorsqu'on parle de l'art de Racine, l'art qui met toutes les choses à leur place, qui caractérise les hommes, leurs passions, leurs mœurs, leur génie; qui chasse les obscurités, les superfluités, les faux brillans; qui peint la nature avec feu, avec sublimité et avec grâce; que peut-on penser d'un tel art, si ce n'est qu'il est le génie des hommes extraordinaires, et l'original même de ces règles que les écrivains sans génie embrassent avec tant de zèle et avec si peu de succès? Qu'est-ce, dans la *Mort de César* (1), que l'art des harangues d'Antoine, si ce n'est le génie d'un esprit supérieur, et celui de la vraie éloquence?

C'est le défaut trop fréquent de cet art, qui gâte les plus beaux ouvrages de Corneille. Je ne dis pas que la plupart de ses tragédies ne soient très-bien imaginées et très-bien conduites. Je crois même qu'il a connu mieux que personne l'art des situations et des contrastes. Mais l'art des expressions et l'art des vers, qu'il a si souvent négligés ou pris à faux, déparent ses autres beautés. Il paraît avoir ignoré que pour être lu avec plaisir, ou même pour faire illusion à tout le monde dans la représentation d'un poème dramatique, il fallait, par une éloquence continue, soutenir l'attention des spectateurs, qui se relâche et se rebute nécessairement quand les détails sont négligés. Il y a long-temps qu'on a dit que l'expression était la principale partie de tout ouvrage écrit en vers. C'est le sentiment des grands maîtres qu'il n'est pas besoin de justifier. Chacun sait ce qu'on souffre, je ne dis pas à lire de mau-

(1) Tragédie de Voltaire.

vais vers, mais même à entendre mal réciter un bon poème. Si l'emphase d'un comédien détruit le charme naturel de la poésie, comment l'emphase même du poète ou l'impropriété de ses expressions ne dégoûteraient-elles pas les esprits justes de sa fiction et de ses idées?

Racine n'est pas sans défauts. Il a mis quelquefois dans ses ouvrages un amour faible qui fait languir son action. Il n'a pas conçu assez fortement la tragédie. Il n'a point assez fait agir ses personnages. On ne remarque pas dans ses écrits autant d'énergie que d'élévation, ni autant de hardiesse que d'égalité. Plus savant encore à faire naître la pitié que la terreur, et l'admiration que l'étonnement, il n'a pu atteindre au tragique de quelques poètes. Nul homme n'a eu en partage tous les dons. Si d'ailleurs on veut être juste, on avouera que personne ne donna jamais au théâtre plus de pompe, n'éleva plus haut la parole, et n'y versa plus de douceur. Qu'on examnie ses ouvrages sans prévention, quelle facilité! quelle abondance! quelle poésie! quelle imagination dans l'expression! Qui créa jamais une langue ou plus magnifique, ou plus simple, ou plus variée, ou plus noble, ou plus harmonieuse et plus touchante? Qui mit jamais autant de vérité dans ses dialogues, dans ses images, dans ses caractères, dans l'expression des passions? Serait-il trop hardi de dire que c'est le plus beau génie que la France ait eu, et le plus éloquent de ses poètes?

Corneille a trouvé le théâtre vide, et a eu l'avantage de former le goût de son siècle sur son caractère. Racine a paru après lui et a partagé les esprits. S'il eût été possible de changer cet ordre, peut-être qu'on aurait jugé de l'un et de l'autre fort différemment.

Oui, dit-on; mais Corneille est venu le premier, et il a créé le théâtre. Je ne puis souscrire à cela. Corneille avait de grands modèles parmi les anciens; Racine ne l'a point suivi : personne n'a pris une route, je ne dis pas plus différente, mais plus opposée : personne n'est plus original à meilleur titre. Si Corneille a droit de prétendre à la gloire des inventeurs, on ne peut l'ôter à Racine. Mais si l'un et l'autre ont eu des maîtres, lequel a choisi les meilleurs et les a le mieux imités?

On reproche à Racine de n'avoir pas donné à ses héros le caractère de leur siècle et de leur nation : mais les grands hommes sont de tous les âges et de tous les pays. On rendrait le vicomte de Turenne et le cardinal de Richelieu méconnaissables en leur donnant le caractère de leur siècle. Les ames véritablement grandes ne sont telles que parce qu'elles se trouvent en quelque manière supérieures à l'éducation et aux coutumes. Je sais qu'elles retiennent toujours quelque chose de l'un et de l'autre; mais le poète peut négliger ces bagatelles, qui ne touchent pas plus au fond du caractère que la coiffure ou l'habit du comédien, pour ne s'attacher qu'à peindre vivement les traits d'une nature forte et éclairée, et ce génie élevé qui appartient également à tous les peuples. Je ne vois point d'ailleurs que Racine ait manqué à ces prétendues bienséances du théâtre. Ne parlons pas des tragédies faibles de ce grand poëte, *Alexandre*, *la Thébaïde*, *Bérénice*, *Esther*, dans lesquelles on pourrait citer encore de grandes beautés. Ce n'est point par les essais d'un auteur, et par le plus petit nombre de ses ouvrages, qu'on en doit juger; mais par le plus grand nombre de ses ouvrages, et par ses chefs-d'œuvre. Qu'on observe cette règle avec Racine, et qu'on examine ensuite ses écrits. Dira-t-on qu'Acomat, Roxane, Joad, Athalie, Mithridate, Néron, Agrippine, Burrhus, Narcisse, Clytemnestre, Agamemnon, etc., n'aient pas le caractère de leur siècle, et celui que les historiens leur ont donné? Parce que Bajazet et Xipharès ressemblent à Britannicus, parce qu'ils ont un caractère faible pour le théâtre, quoique naturel, sera-t-on fondé à prétendre que Racine n'ait pas su caractériser les hommes, lui dont le talent éminent était de les peindre avec vérité et avec noblesse?

Bajazet, Xipharès, Britannicus, caractères si critiqués, ont la douceur et la délicatesse de nos mœurs, qualités qui ont pu se rencontrer chez d'autres hommes, et n'en ont pas le ridicule, comme on l'insinue. Mais je veux qu'ils soient plus faibles qu'ils ne me paraissent : quelle tragédie a-t-on vue où tous les personnages fussent de la même force? Cela ne se peut : Mathan et Abner sont peu considérables dans Athalie, et cela n'est pas un défaut, mais privation d'une beauté plus achevée. Que voit-on d'ailleurs de plus sublime que toute cette tragédie?

Que reprocher donc à Racine? d'avoir mis quelquefois dans ses ouvrages un amour faible, tel peut-être qu'il est déplacé au théâtre. Je l'avoue; mais ceux qui se fondent là-dessus pour bannir de la scène une passion si générale et si violente passent, ce me semble, dans un autre excès.

Les grands hommes sont grands dans leurs amours, et ne sont jamais plus aimables. L'amour est le caractère le plus tendre de l'humanité, et l'humanité est le charme et la perfection de la nature.

Je reviens encore à Corneille, afin de finir ce discours. Je crois qu'il a connu mieux que Racine le pouvoir des situations et des contrastes. Ses meilleures tragédies, toujours fort au-dessous, par l'expression, de celles de son rival, sont moins agréables à lire, mais plus intéressantes quelquefois dans la représentation, soit par le choc des caractères, soit par l'art des situations, soit par la grandeur des intérêts. Moins intelligent que Racine, il concevait peut-être moins profondément, mais plus fortement ses sujets. Il n'était ni si grand poète, ni si éloquent; mais il s'exprimait quelquefois avec une grande énergie. Personne n'a des traits plus élevés et plus hardis; personne n'a laissé l'idée d'un dialogue si serré et si véhément; personne n'a peint avec le même bonheur l'inflexibilité et la force d'esprit qui naissent de la vertu. De ces disputes mêmes que je lui reproche, sortent quelquefois des éclairs qui laissent l'esprit étonné, et des combats qui véritablement élèvent l'âme; et enfin, quoiqu'il lui arrive continuellement de s'écarter de la nature, on est obligé d'avouer qu'il la peint naïvement et bien fortement dans quelques endroits : et c'est uniquement dans ces morceaux naturels qu'il est admirable. Voilà ce qu'il me semble qu'on peut dire sans partialité de ses talens. Mais lorsqu'on a rendu justice à son génie, qui a surmonté si souvent le goût barbare de son siècle, on ne peut s'empêcher de rejeter, dans ses ouvrages, ce qu'ils retiennent de ce mauvais goût, et ce qui servirait à le perpétuer dans les admirateurs trop passionnés de ce grand maître.

Les gens du métier sont plus indulgens que les autres à ces défauts, parce qu'ils ne regardent qu'aux traits originaux de leurs modèles, et qu'ils connaissent mieux le prix de l'invention et du génie. Mais le reste des hommes juge des ouvrages tels qu'ils sont, sans égard pour le temps et pour les auteurs : et je crois qu'il serait à desirer que les gens de lettres voulussent bien séparer les défauts des plus grands hommes de leurs perfections : car si l'on confond leurs beautés avec leurs fautes par une admiration superstitieuse, il pourra bien arriver que les jeunes gens imiteront les défauts de leurs maîtres, qui sont aisés à imiter, et n'atteindront jamais à leur génie.

Pour moi, quand je fais la critique de tant d'hommes illustres, mon objet est de prendre des idées plus justes de leur caractère.

Je ne crois pas qu'on puisse raisonnablement me reprocher cette hardiesse : la nature a donné aux grands hommes de faire, et laissé aux autres de juger.

Si l'on trouve que je relève davantage les défauts des uns que ceux des autres, je déclare que c'est à cause que les uns me sont plus sensibles que les autres, ou pour éviter de répéter des choses qui sont trop connues.

Pour finir, et marquer chacun de ces poètes par ce qu'ils ont eu de plus propre, je dirai que Corneille a éminemment la force, Boileau la justesse, La Fontaine la naïveté, Chaulieu les grâces et l'ingénieux, Molière les saillies et la vive imitation des mœurs, Racine la dignité et l'éloquence.

Ils n'ont pas ces avantages à l'exclusion les uns des autres; ils les ont seulement dans un degré plus éminent, avec une infinité d'autres perfections que chacun y peut remarquer.

VII.

J. B. ROUSSEAU.

On ne peut disputer à Rousseau d'avoir connu parfaitement la mécanique des vers (1). Égal peut-être à Despréaux par cet endroit, on pour-

(1) Toutes les éditions portent *la mécanique des vers*. Cette expression n'a jamais été employée au figuré, et c'est sans doute

rait le mettre à côté de ce grand homme, si celui-ci, né à l'aurore du bon goût, n'avait été le maître de Rousseau, et de tous les poètes de son siècle.

Ces deux excellens écrivains se sont distingués l'un et l'autre par l'art difficile de faire régner dans les vers une extrême simplicité, par le talent d'y conserver le tour et le génie de notre langue, et enfin par cette harmonie continue sans laquelle il n'y a point de véritable poésie.

On leur a reproché, à la vérité, d'avoir manqué de délicatesse et d'expression pour le sentiment. Ce dernier défaut me paraît peu considérable dans Despréaux, parce que s'étant attaché uniquement à peindre la raison, il lui suffisait de la peindre avec vivacité et avec feu, comme il a fait : mais l'expression des passions ne lui était pas nécessaire. Son *Art poétique*, et quelques autres de ses ouvrages, approchent de la perfection qui leur est propre; et on n'y regrette point la langue du sentiment, quoiqu'elle puisse entrer peut-être dans tous les genres et les embellir de ses charmes.

Il n'est pas tout-à-fait si facile de justifier Rousseau à cet égard. L'ode étant, comme il dit lui-même, *le véritable champ du pathétique et*

une faute échappée aux premiers imprimeurs ; il faut le *mécanisme des vers*. Édit.

du sublime, on voudrait toujours trouver dans les siennes ce haut caractère. Mais quoiqu'elles soient dessinées avec une grande noblesse, je ne sais si elles sont toutes assez passionnées. J'excepte quelques unes des odes sacrées, dont le fonds appartient à de plus grands maîtres. Quant à celles qu'il a tirées de son propre fonds, il me semble qu'en général les fortes images qui les embellissent, ne produisent pas de grands mouvemens, et n'excitent ni la pitié, ni l'étonnement, ni la crainte, ni ce sombre saisissement que le vrai sublime fait naître.

La marche impétueuse de l'ode n'est pas celle de l'esprit tranquille : il faut donc qu'elle soit justifiée par un enthousiasme véritable. Lorsqu'un auteur se jette de sang-froid dans ces mouvemens et ces écarts qui n'appartiennent qu'aux grandes passions, il court risque de marcher seul; car le lecteur se lasse de ces transitions forcées, et de ces fréquentes hardiesses que l'art s'efforce d'imiter du sentiment, et qu'il imite toujours sans succès. Les endroits où le poète paraît s'égarer devraient être, à ce qu'il me semble, les plus passionnés de son ouvrage. Il est même d'autant plus nécessaire de mettre du sentiment dans nos odes, que ces petits poèmes sont ordinairement vides de pensées, et qu'un ouvrage vide de pensées sera toujours faible s'il n'est rempli de passion. Or, je ne crois pas qu'on puisse dire que les odes de Rousseau soient fort passionnées. Il est tombé quelquefois dans le défaut de ces poètes qui semblent s'être proposé dans leurs écrits, non d'exprimer plus fortement par des images des passions violentes, mais seulement d'assembler des images magnifiques, plus occupés de chercher de grandes figures que de faire naître dans leur ame de grandes pensées. Les défenseurs de Rousseau répondent qu'il a surpassé Horace et Pindare, auteurs illustres dans le même genre, et de plus rendus respectables par l'estime dont ils sont en possession depuis tant de siècles. Si cela est ainsi, je ne m'étonne point que Rousseau ait emporté tous les suffrages. On ne juge que par comparaison de toutes choses, et ceux qui font mieux que les autres dans leur genre, passent toujours pour excellens, personne n'osant leur contester d'être dans le bon chemin. Il m'appartient moins qu'à tout autre de dire que Rousseau n'a pu atteindre le but de son art : mais je crains bien que si on n'aspire pas à faire de l'ode une imitation plus fidèle de la nature, ce genre ne demeure enseveli dans une espèce de médiocrité.

S'il m'est permis d'être sincère jusqu'à la fin,

j'avouerai que je trouve encore des pensées bien fausses dans les meilleures odes de Rousseau. Cette fameuse *Ode à la Fortune*, qu'on regarde comme le triomphe de la raison, présente, ce me semble, peu de réflexions qui ne soient plus éblouissantes que solides. Écoutons ce poète philosophe :

> Quoi ! Rome et l'Italie en cendre
> Me feront honorer Sylla ?

Non vraiment, l'*Italie en cendre* ne peut faire *honorer* Sylla : mais ce qui doit, je crois, le faire respecter avec justice, c'est ce génie supérieur et puissant qui vainquit le génie de Rome, qui lui fit défier dans sa vieillesse les ressentimens de ce même peuple qu'il avait soumis, et qui sut toujours subjuguer, par les bienfaits ou par la force, le courage ailleurs indomptable de ses ennemis.

Voyons ce qui suit :

> J'admirerai dans Alexandre
> Ce que j'abhorre en Attila (1) ?

Je ne sais quel était le caractère d'Attila ; mais

(1) Il ne s'agit ici ni du génie de Sylla, ni des grandes qualités d'Alexandre, mais des maux que leur ambition et leur exemple ont faits au monde ; et le poète philosophe a pu, sous ce rapport, les comparer avec Attila. ÉDIT.

je suis forcé d'admirer les rares talens d'Alexandre, et cette hauteur de génie qui, soit dans le gouvernement, soit dans la guerre, soit dans les sciences, soit même dans sa vie privée, l'a toujours fait paraître comme un homme extraordinaire, et qu'un instinct grand et sublime dispensait des moindres vertus (1). Je veux révérer un héros qui, parvenu au faîte des grandeurs humaines, ne dédaignait pas l'amitié; qui, dans cette haute fortune, respectait encore le mérite; qui aima mieux s'exposer à mourir que de soupçonner son médecin de quelque crime, et d'affliger, par une défiance qu'on n'aurait pas blâmée, la fidélité d'un sujet qu'il estimait : le maître le plus libéral qu'il y eut jamais, jusqu'à ne réserver pour lui que l'*espérance*; plus prompt à réparer ses injustices qu'à les commettre, et plus pénétré de ses fautes que de ses triomphes; né pour conquérir l'univers, parce qu'il était digne de lui commander; et en quelque sorte excusable de s'être fait rendre les honneurs divins dans un temps où toute la terre adorait des dieux moins aimables. Rousseau paraît donc trop injuste, lorsqu'il ose ajouter d'un si grand homme :

(1) Pour *dispensait des vertus d'un ordre moins relevé*, paraît amphibologique. S.

Mais à la place de Socrate
Le fameux vainqueur de l'Euphrate
Sera le dernier des mortels.

Apparemment que Rousseau ne voulait épargner aucun conquérant ; et voici comme il parle encore :

L'inexpérience indocile
Du compagnon de Paul-Émile
Fit tout le succès d'Annibal.

Combien toutes ces réflexions ne sont-elles pas superficielles ? Qui ne sait que la science de la guerre consiste à profiter des fautes de son ennemi ? Qui ne sait qu'Annibal s'est montré aussi grand dans ses défaites que dans ses victoires ?

S'il était reçu de tous les poètes, comme il l'est du reste des hommes, qu'il n'y a rien de beau dans aucun genre que le vrai, et que les fictions mêmes de la poésie n'ont été inventées que pour peindre plus vivement la vérité, que pourrait-on penser des invectives que je viens de rapporter ? Serait-on trop sévère de juger que l'*Ode à la Fortune* n'est qu'une pompeuse déclamation, et un tissu de lieux communs énergiquement exprimés ?

Je ne dirai rien des allégories et de quelques autres ouvrages de Rousseau. Je n'oserais surtout juger d'aucun ouvrage allégorique, parce que c'est un genre que je n'aime pas : mais je louerai volontiers ses épigrammes, où l'on trouve toute la naïveté de Marot avec une énergie que Marot n'avait pas. Je louerai des morceaux admirables dans ses épîtres, où le génie de ses épigrammes se fait singulièrement apercevoir. Mais en admirant ces morceaux, si dignes de l'être, je ne puis m'empêcher d'être choqué de la grossièreté insupportable qu'on remarque en d'autres endroits. Rousseau voulant dépeindre, dans l'*Epître aux Muses*, je ne sais quel mauvais poète, il le compare à un oison que la flatterie enhardit à préférer sa voix au chant du cygne. Un autre oison lui fait un long discours pour l'obliger à chanter, et Rousseau continue ainsi :

A ce discours, notre oiseau tout gaillard
Perce le ciel de son cri nazillard :
Et tout d'abord, oubliant leur mangeaille,
Vous eussiez vu canards, dindons, poulaille,
De toutes parts accourir, l'entourer,
Battre de l'aile, applaudir, admirer,
Vanter la voix dont nature le doue,
Et faire nargue au cygne de Mantoue.
Le chant fini, le pindarique oison,
Se rengorgeant, rentre dans la maison,
Tout orgueilleux d'avoir, par son ramage,
Du poulailler mérité le suffrage (1).

(1) Toute cette tirade est dirigée contre La Motte, dont les

On ne nie pas qu'il n'y ait quelque force dans cette peinture; mais combien en sont basses les images! La même épître est remplie de choses qui ne sont ni plus agréables ni plus délicates. C'est un dialogue avec les Muses, qui est plein de longueurs, dont les transitions sont forcées et trop ressemblantes; où l'on trouve à la vérité de grandes beautés de détails, mais qui en rachètent à peine les défauts. J'ai choisi cette épître exprès, ainsi que l'Ode à la Fortune, afin qu'on ne m'accusât pas de rapporter les ouvrages les plus faibles de Rousseau pour diminuer l'estime que l'on doit aux autres. Puis-je me flatter en cela d'avoir contenté la délicatesse de tant de gens de goût et de génie, qui respectent tous les écrits de ce poète? Quelque crainte que je doive avoir de me tromper, en m'écartant de leur sentiment et de celui du public, je hasarderai encore ici une réflexion. C'est que le vieux langage employé par Rousseau dans ses meilleures épîtres, ne me paraît ni nécessaire pour écrire naïvement, ni assez noble pour la poésie. C'est à ceux qui font profession eux-mêmes de cet art à prononcer là-dessus. Je leur soumets sans ré-

odes jouissaient, du temps de J. B. Rousseau, d'une réputation que la postérité n'a point confirmée. ÉDIT.

pugnance toutes les remarques que j'ai osé faire sur les plus illustres écrivains de notre langue. Personne n'est plus passionné que je ne le suis pour les véritables beautés de leurs ouvrages. Je ne connais peut-être pas tout le mérite de Rousseau ; mais je ne serai pas fâché qu'on me détrompe des défauts que j'ai cru pouvoir lui reprocher (1). On ne saurait trop honorer les grands talens d'un auteur dont la célébrité a fait les disgrâces, comme c'est la coutume chez les hommes, et qui n'a pu jouir dans sa patrie de la réputation qu'il méritait, que lorsque accablé sous le poids de l'humiliation et de l'exil, la longueur de son infortune a désarmé la haine de ses ennemis, et fléchi l'injustice de l'envie.

VIII.

QUINAULT.

On ne peut trop aimer la douceur, la mollesse, la facilité et l'harmonie tendre et touchante de la poésie de Quinault. On peut même estimer beaucoup l'art de quelques uns de ses opéras,

(1) Incorrect. Reconnaître qu'on s'est trompé, en regardant comme un défaut ce qui n'en est pas un, ce n'est pas se détromper des défauts. M

intéressans par le spectacle dont ils sont remplis, par l'invention ou la disposition des faits qui les composent, par le merveilleux qui y règne, et enfin par le pathétique des situations, qui donne lieu à celui de la musique, et qui l'augmente nécessairement. Ni la grâce, ni la noblesse, ni le naturel, n'ont manqué à l'auteur de ces poèmes singuliers. Il y a presque toujours de la naïveté dans son dialogue, et quelquefois du sentiment. Ses vers sont semés d'images charmantes et de pensées ingénieuses. On admirerait trop les fleurs dont il se pare, s'il eût évité les défauts qui font languir quelquefois ses beaux ouvrages. Je n'aime pas les familiarités qu'il a introduites dans ses tragédies : je suis fâché qu'on trouve dans beaucoup de scènes, qui sont faites pour inspirer la terreur et la pitié, des personnages, qui, par le contraste de leurs discours avec les intérêts des malheureux, rendent ces mêmes scènes ridicules, et en détruisent tout le pathétique. Je ne puis m'empêcher encore de trouver ses meilleurs opéras trop vides de choses, trop négligés dans les détails, trop fades même dans bien des endroits. Enfin je pense qu'on a dit de lui avec vérité qu'il n'avait fait qu'effleurer d'ordinaire les passions. Il me paraît que Lulli a donné à sa musique un caractère supérieur à la poésie de Quinault. Lulli s'est élevé souvent jusqu'au sublime par la grandeur et par le pathétique de ses expressions ; et Quinault n'a d'autre mérite à cet égard que celui d'avoir fourni les situations et les canevas auxquels le musicien a fait recevoir la profonde empreinte de son génie. Ce sont sans doute les défauts de ce poète et la faiblesse de ses premiers ouvrages, qui ont fermé les yeux de Despréaux sur son mérite ; mais Despréaux peut être excusable de n'avoir pas cru que l'opéra, théâtre plein d'irrégularités et de licences, eût atteint, en naissant, sa perfection. Ne penserions-nous pas encore qu'il manque quelque chose à ce spectacle, si les efforts inutiles de tant d'auteurs renommés ne nous avaient fait supposer que le défaut de ces poèmes était peut-être un vice irréparable ? Cependant je conçois sans peine qu'on ait fait à Despréaux un grand reproche de sa sévérité trop opiniâtre (1). Avec des talens si aimables que ceux de Quinault, et la gloire qu'il a d'être l'inventeur de son genre, on ne saurait être surpris

(1) Boileau a cependant dit lui-même, dans la préface de la dernière édition de ses OEuvres, que dans le temps où il écrivit contre Quinault, tous deux étaient fort jeunes, et Quinault n'avait pas fait alors beaucoup d'ouvrages, qui lui ont acquis dans la suite *une juste réputation*. Ce sont les expressions dont il se sert.

qu'il ait des partisans très-passionnés, qui pensent qu'on doit respecter ses défauts mêmes. Mais cette excessive indulgence de ses admirateurs me fait comprendre encore l'extrême rigueur de ses critiques. Je vois qu'il n'est point dans le caractère des hommes de juger du mérite d'un autre homme par l'ensemble de ses qualités; on envisage sous divers aspects le génie d'un auteur illustre; on le méprise ou l'admire avec une égale apparence de raison, selon les choses que l'on considère en ses ouvrages. Les beautés que Quinault a imaginées demandent grâce pour ses défauts; mais j'avoue que je voudrais bien qu'on se dispensât de copier jusqu'à ses fautes. Je suis fâché qu'on désespère de mettre plus de passion, plus de conduite, plus de raison et plus de force dans nos opéras que leur inventeur n'y en a mis. J'aimerais qu'on en retranchât le nombre excessif de refrains qui s'y rencontrent, qu'on ne refroidît pas les tragédies par des puérilités, et qu'on ne fît pas des paroles pour le musicien, entièrement vides de sens. Les divers morceaux qu'on admire dans Quinault, prouvent qu'il y a peu de beautés incompatibles avec la musique; et que c'est la faiblesse des poètes ou celle du genre, qui fait languir tant d'opéras, faits à la hâte et aussi mal écrits qu'ils sont frivoles.

IX.

Sur quelques ouvrages de VOLTAIRE (1).

Après avoir parlé de Rousseau et des plus grands poètes du siècle passé, je crois que ce peut être ici la place de dire quelque chose des ouvrages d'un homme qui honore notre siècle, et qui n'est ni moins grand, ni moins célèbre que tous ceux qui l'ont précédé, quoique sa gloire, plus près de nos yeux, soit plus exposée à l'envie.

Il ne m'appartient pas de faire une critique raisonnée de tous ses écrits, qui passent de bien loin mes connaissances et la faible étendue de mes lumières; ce soin me convient d'autant moins qu'une infinité d'hommes plus instruits que moi ont déjà fixé les idées qu'on doit en avoir. Ainsi je ne parlerai pas de la Henriade, qui, malgré les défauts qu'on lui impute et ceux qui y sont en effet, passe néanmoins, sans contestation, pour le plus grand ouvrage de ce siècle, et le seul poème, en ce genre, de notre nation.

(1) Cet article a été imprimé pour la première fois dans l'édition de 1806. Il est tiré des manuscrits de l'auteur, mort plus de trente ans avant Voltaire.

Je dirai peu de chose encore de ses tragédies : comme il n'y en a aucune qu'on ne joue au moins une fois chaque année, tous ceux qui ont quelque étincelle de bon goût peuvent y remarquer d'eux-mêmes le caractère original de l'auteur, les grandes pensées qui y règnent, les morceaux éclatans de poésie qui les embellissent, la manière forte dont les passions y sont ordinairement traitées, et les traits hardis et sublimes dont elles sont pleines.

Je ne m'arrêterai donc pas à faire remarquer dans *Mahomet*, cette expression grande et tragique du genre terrible, qu'on croyait épuisée par l'auteur d'*Electre* (1). Je ne parlerai pas de la tendresse répandue dans *Zaïre*, ni du caractère théâtral des passions violentes d'Hérode, ni de la singulière et noble nouveauté d'*Alzire*, ni des éloquentes harangues qu'on voit dans *la Mort de César*, ni enfin de tant d'autres pièces, toutes différentes, qui font admirer le génie et la fécondité de leur auteur.

Mais parce que la tragédie de *Mérope* me paraît encore mieux écrite, plus touchante et plus naturelle que les autres, je n'hésiterai pas à lui donner la préférence. J'admire les grands caractères qui y sont décrits, le vrai qui règne

(1) Tragédie de Crébillon.

dans les sentimens et les expressions, la simplicité sublime et tout-à-fait nouvelle sur notre théâtre, du rôle d'Egiste, la tendresse impétueuse de Mérope, ses discours coupés, véhémens, et tantôt remplis de violence, tantôt de hauteur. Je ne suis pas assez tranquille à une pièce qui produit de si grands mouvemens, pour examiner si les règles et les vraisemblances sévères n'y sont pas blessées. La pièce me serre le cœur dès le commencement, et me mène jusqu'à la catastrophe, sans me laisser la liberté de respirer.

S'il y a donc quelqu'un qui prétende que la conduite de l'ouvrage est peu régulière, et qui pense qu'en général M. de Voltaire n'est pas heureux dans la fiction ou dans le tissu de ses pièces, sans entrer dans cette question, trop longue à discuter, je me contenterai de lui répondre que ce même défaut dont on accuse M. de Voltaire a été reproché très-justement à plusieurs pièces excellentes, sans leur faire tort. Les dénouemens de Molière sont peu estimés, et le *Misanthrope*, qui est le chef-d'œuvre de la comédie, est une comédie sans action. Mais c'est le privilége des hommes comme Molière et M. de Voltaire, d'être admirables malgré leurs défauts, et souvent dans leurs défauts mêmes.

La manière dont quelques personnes, d'ailleurs éclairées, parlent aujourd'hui de la poésie, me surprend beaucoup. Ce n'est pas, disent-ils, la beauté des vers et des images qui caractérise le poète, ce sont les pensées mâles et hardies; ce n'est pas l'expression du sentiment et de l'harmonie, c'est l'invention. Par là on prouverait que Bossuet et Newton ont été les plus grands poètes de leur siècle; car assurément l'invention, la hardiesse et les pensées mâles ne leur manquaient point.

Reprenons *Mérope*. Ce que j'admire encore dans cette tragédie, c'est que les personnages y disent toujours ce qu'ils doivent dire, et sont grands sans affectation. Il faut lire la seconde scène du second acte pour comprendre ce que je dis. Qu'on me permette d'en citer la fin, quoiqu'on pût trouver dans la même pièce de plus beaux endroits.

ÉGISTE.

Un vain désir de gloire a séduit mes esprits.
On me parlait souvent des troubles de Messène,
Des malheurs dont le ciel avait frappé la reine,
Surtout de ses vertus dignes d'un autre prix:
Je me sentais ému par ces tristes récits.
De l'Élide en secret, dédaignant la mollesse,
J'ai voulu dans la guerre exercer ma jeunesse,

13.

Servir sous vos drapeaux, et vous offrir mon bras:
Voilà le seul dessein qui conduisit mes pas.
Ce faux instinct de gloire égara mon courage;
A mes parens flétris sous les rides de l'âge,
J'ai de mes jeunes ans dérobé les secours :
C'est ma première faute, elle a troublé mes jours.
Le ciel m'en a puni; le ciel inexorable
M'a conduit dans le piége, et m'a rendu coupable.

MÉROPE.

Il ne l'est point, j'en crois son ingénuité;
Le mensonge n'a point cette simplicité.
Tendons à sa jeunesse une main bienfesante.
C'est un infortuné que le ciel me présente :
Il suffit qu'il soit homme et qu'il soit malheureux.
Mon fils peut éprouver un sort plus rigoureux :
Il me rappelle Égiste; Égiste est de son âge;
Peut-être comme lui, de rivage en rivage,
Inconnu, fugitif, et partout rebuté,
Il souffre le mépris qui suit la pauvreté.
L'opprobre avilit l'ame et flétrit le courage.

MÉROPE, *Acte II, Scène II.*

Cette dernière réflexion de Mérope est bien naturelle et bien sublime. Une mère aurait pu être touchée de toute autre crainte dans une telle calamité : et néanmoins Mérope paraît pénétrée de ce sentiment. Voilà comme les sentences sont grandes dans la tragédie, et comme il faudrait toujours les y placer.

C'est, je crois, cette sorte de grandeur qui

est propre à Racine, et que tant de poètes après lui ont négligée, ou parce qu'ils ne la connaissaient pas, ou parce qu'il leur a été bien plus facile de dire des choses guindées, et d'exagérer la nature. Aujourd'hui on croit avoir fait un caractère, lorsqu'on a mis dans la bouche d'un personnage ce qu'on veut faire penser de lui, et qui est précisément ce qu'il doit taire. Une mère affligée dit qu'elle est affligée, et un héros dit qu'il est un héros. Il faudrait que les personnages fissent penser tout cela d'eux, et que rarement ils le dissent; mais tout au contraire, ils le disent et le font rarement penser. Le grand Corneille n'a pas été exempt de ce défaut, et cela a gâté tous ses caractères. Car enfin ce qui forme un caractère, ce n'est pas, je crois, quelques traits, ou hardis, ou forts, ou sublimes, c'est l'ensemble de tous les traits, et des moindres discours d'un personnage. Si on fait parler un héros, qui mêle partout de l'ostentation, de la vanité, et des choses basses à de grandes choses; j'admire ces traits de grandeur, qui appartiennent au poète, mais je sens du mépris pour son héros dont le caractère est manqué. L'éloquent Racine qu'on accuse de stérilité dans ses caractères, est le seul de son temps qui ait fait des caractères; et ceux qui admirent la variété du grand Corneille sont bien indulgens de lui pardonner l'invariable ostentation de ses personnages, et le caractère toujours dur des vertus qu'il a su décrire.

C'est pourquoi quand M. de Voltaire a critiqué (1) les caractères d'Hippolyte, Bajazet, Xipharès, Britannicus, il n'a pas prétendu, je crois, diminuer l'estime de ceux d'Athalie, Joad, Acomat, Agrippine, Néron, Burrhus, Mithridate, etc. Mais puisque cela me conduit à parler du Temple du Goût, je suis bien aise d'avoir occasion de dire que j'en estime grandement les décisions. J'excepte ces mots : *Bossuet, le seul éloquent entre tant d'écrivains qui ne sont qu'élégans :* car je ne crois pas que M. de Vol-

(1) Dans son *Temple du Goût,* Voltaire, après avoir parlé de Pierre Corneille, s'exprime ainsi sur Racine :

Plus pur, plus élégant, plus tendre,
Et parlant au cœur de plus près,
Nous attachant sans nous surprendre,
Et ne se démentant jamais;
Racine observe les portraits
De Bajazet, de Xipharès,
De Britannicus, d'Hippolyte;
A peine il distingue leurs traits;
Ils ont tous le même mérite.
Tendres, galans, doux et discrets;
Et l'amour qui marche à leur suite,
Les croit des courtisans français.

taire lui-même voulût sérieusement réduire à ce petit mérite d'élégance les ouvrages de M. Pascal, l'homme de la terre qui savait mettre la vérité dans un plus beau jour, et raisonner avec plus de force. Je prends la liberté de défendre encore contre son autorité le vertueux auteur de Télémaque, homme né véritablement pour enseigner aux rois l'humanité, dont les paroles tendres et persuasives pénètrent le cœur, et qui par la noblesse et par la vérité de ses peintures, par les grâces touchantes de son style, se fait aisément pardonner d'avoir employé trop souvent les lieux communs de la poésie, et un peu de déclamation.

Mais quoi qu'il puisse être de cette trop grande partialité de M. de Voltaire pour Bossuet, que je respecte d'ailleurs plus que personne, je déclare que tout le reste du Temple du Goût m'a frappé par la vérité des jugemens, par la vivacité, la variété et le tour aimable du style; et je ne puis comprendre que l'on juge si sévèrement d'un ouvrage si peu sérieux, et qui est un modèle d'agrémens.

Dans un genre assez différent, l'épître aux mânes de Génonville, et celle sur la mort de mademoiselle Le Couvreur, m'ont paru deux morceaux remplis de charmes, et où la douleur, l'amitié, l'éloquence et la poésie parlaient avec la grâce la plus ingénue, et la simplicité la plus touchante. J'estime plus deux petites pièces faites de génie, comme celles-ci, et qui ne respirent que la passion, que beaucoup d'assez longs poèmes.

Je finirai sur les ouvrages de M. de Voltaire, en disant quelque chose de sa prose. Il n'y a guère de mérite essentiel qu'on ne puisse trouver dans ses écrits. Si l'on est bien aise de voir toute la politesse de notre siècle avec un grand art, pour faire sentir la vérité dans les choses de goût, on n'a qu'à lire la préface d'OEdipe, écrite contre M. de La Mothe avec une délicatesse inimitable. Si on cherche du sentiment, de l'harmonie, jointe à une noblesse singulière, on peut jeter les yeux sur la préface d'Alzire, et sur l'épître à madame la marquise du Châtelet. Si on souhaite une littérature universelle, un goût étendu qui embrasse le caractère de plusieurs nations, et qui peigne les manières différentes des plus grands poètes, on trouvera cela dans les Réflexions sur les poètes épiques, et les divers morceaux traduits par M. de Voltaire des poètes anglais, d'une manière qui passe peut-être les originaux. Je ne parle pas de l'histoire de Charles XII, qui, par la faiblesse des critiques que l'on en a faites, a dû acquérir une autorité incontestable, et qui me paraît être écrite avec une force, une précision et des images dignes d'un tel peintre. Mais quand on n'aurait vu de M. de Voltaire que son Essai sur le siècle de Louis XIV, et ses Réflexions sur l'histoire, ce serait déjà trop (1) pour reconnaître en lui, non-seulement un écrivain du premier ordre, mais encore un génie sublime qui voit tout en grand, une vaste imagination qui rapproche de loin les choses humaines, enfin un esprit supérieur aux préjugés, et qui joint à la politesse et à l'esprit philosophique de son siècle, la connaissance des siècles passés, de leurs mœurs, de leur politique, de leurs religions, et de toute l'économie du genre humain.

Si pourtant il se trouve encore des gens prévenus, qui s'attachent à relever ou les erreurs ou les défauts de ses ouvrages, et qui demandent à un homme si universel la même correction et la même justesse de ceux (2) qui se sont renfermés dans un seul genre, et souvent dans un genre assez petit, que peut-on répondre à des critiques si peu raisonnables? J'espère que le

(1) *Trop* emporte toujours l'idée d'*excès*, et l'auteur ne veut exprimer ici que *surabondance*. S.

(2) Il faut *qu'à ceux*, ou *la correction, la justesse de ceux*. S.

petit nombre des juges désintéressés me saura du moins quelque gré d'avoir osé dire les choses que j'ai dites, parce que je les ai pensées, et que la vérité m'a été chère.

C'est le témoignage que l'amour des lettres m'oblige de rendre à un homme qui n'est ni en place, ni puissant, ni favorisé, et auquel je ne dois que la justice que tous les hommes lui doivent comme moi, et que l'ignorance ou l'envie s'efforcent inutilement de lui ravir.

LES ORATEURS.

Qui n'admire la majesté, la pompe, la magnificence, l'enthousiasme de Bossuet, et la vaste étendue de ce génie impétueux, fécond, sublime? Qui conçoit, sans étonnement, la profondeur incroyable de Pascal, son raisonnement invincible, sa mémoire surnaturelle, sa connaissance universelle et prématurée? Le premier élève l'esprit; l'autre le confond et le trouble. L'un éclate comme un tonnerre dans un tourbillon orageux, et par ses soudaines hardiesses échappe aux génies trop timides; l'autre presse, étonne, illumine, fait sentir despotiquement l'ascendant de la vérité; et comme si c'était un être d'une autre nature que nous, sa vive intelligence explique toutes les conditions, toutes les affections et toutes les pensées des hommes, et paraît toujours supérieure à leurs conceptions incertaines. Génie simple et puissant, il assemble des choses qu'on croyait être incompatibles, la véhémence, l'enthousiasme, la naïveté, avec les profondeurs les plus cachées de l'art; mais d'un art qui, bien loin de gêner la nature, n'est lui-même qu'une nature plus parfaite, et l'original des préceptes. Que dirai-je encore? Bossuet fait voir plus de fécondité, et Pascal a plus d'invention; Bossuet est plus impétueux, et Pascal plus transcendant. L'un excite l'admiration par de plus fréquentes saillies; l'autre, toujours plein et solide, l'épuise par un caractère plus concis et plus soutenu.

Mais toi (1) qui les as surpassés en aménités et en grâces, ombre illustre, aimable génie; toi qui fis régner la vertu par l'onction et par la douceur, pourrais-je oublier la noblesse et le charme de ta parole, lorsqu'il est question d'éloquence? Né pour cultiver la sagesse et l'humanité dans les rois, ta voix ingénue fit retentir au pied du trône les calamités du genre humain foulé par les tyrans, et défendit contre les artifices de la flatterie la cause abandonnée des peuples. Quelle bonté de cœur, quelle sincérité se remarque dans tes écrits! Quel éclat de paroles et d'images! Qui sema jamais tant de fleurs dans un style si naturel, si mélodieux et si tendre? Qui orna jamais la raison d'une si touchante parure? Ah! que de trésors, d'abondance, dans ta riche simplicité!

O noms consacrés par l'amour et par les res-

(1) Fénélon.

pects de tous ceux qui chérissent l'honneur des lettres ! Restaurateurs des arts, pères de l'éloquence, lumières de l'esprit humain, que n'ai-je un rayon du génie qui échauffa vos profonds discours, pour vous expliquer dignement et marquer tous les traits qui vous ont été propres !

Si l'on pouvait mêler des talens si divers, peut-être qu'on voudrait penser comme Pascal, écrire comme Bossuet, parler comme Fénélon. Mais parce que la différence de leur style venait de la différence de leurs pensées et de leur manière de sentir les choses, ils perdraient beaucoup tous les trois, si l'on voulait rendre les pensées de l'un par les expressions de l'autre. On ne souhaite point cela en les lisant ; car chacun d'eux s'exprime dans les termes les plus assortis au caractère de ses sentimens et de ses idées ; ce qui est la véritable marque du génie. Ceux qui n'ont que de l'esprit empruntent nécessairement toute sorte de tours et d'expressions : ils n'ont pas un caractère distinctif.

SUR LA BRUYÈRE.

Il n'y a presque point de tour dans l'éloquence qu'on ne trouve dans La Bruyère ; et si on y désire quelque chose, ce ne sont pas certainement les expressions, qui sont d'une force infinie et toujours les plus propres et les plus précises qu'on puisse employer. Peu de gens l'ont compté parmi les orateurs, parce qu'il n'y a pas une suite sensible dans ses caractères. Nous faisons trop peu d'attention à la perfection de ses fragmens, qui contiennent souvent plus de matière que de longs discours, plus de proportion et plus d'art.

On remarque dans tout son ouvrage, un esprit juste, élevé, nerveux, pathétique, également capable de réflexion et de sentiment, et doué avec avantage de cette invention qui distingue la main des maîtres et qui caractérise le génie.

Personne n'a peint les détails avec plus de feu, plus de force, plus d'imagination dans l'expression, qu'on n'en voit dans ses caractères. Il est vrai qu'on n'y trouve pas aussi souvent que dans les écrits de Bossuet et de Pascal, de ces traits qui caractérisent une passion ou les vices d'un particulier, mais le genre humain. Ses portraits les plus élevés ne sont jamais aussi grands que ceux de Fénélon et de Bossuet; ce qui vient en grande partie de la différence des genres qu'ils ont traités. La Bruyère a cru, ce me semble, qu'on ne pouvait peindre les hommes assez petits; et il s'est bien plus attaché à relever leurs ridicules que leur force. Je crois qu'il est permis de présumer qu'il n'avait ni l'élévation, ni la sagacité, ni la profondeur de quelques esprits du premier ordre; mais on ne lui peut disputer sans injustice, une forte imagination, un caractère véritablement original, et un génie créateur (1).

(1) Dans la première édition, on lisait, au lieu du dernier paragraphe, le passage suivant :

« Il est étonnant qu'on sente quelquefois dans un si beau génie, et qui s'est élevé jusqu'au sublime, les bornes de l'esprit humain : cela prouve qu'il est possible qu'un auteur sublime ait moins de profondeur et de sagacité que des hommes moins pathétiques. Peut-être que le cardinal de Richelieu était supérieur à Milton.

« Mais les écrivains pathétiques nous émeuvent plus fortement; et cette puissance qu'ils ont sur notre ame, la dispose à nous accorder plus de lumières. Nous jugeons toujours d'un auteur par le caractère de ses sentimens. Si on compare La Bruyère à Fénélon, la vertu toujours tendre et naturelle du dernier, et l'amour-propre qui se montre quelquefois dans l'autre, le sentiment nous porte malgré nous à croire que celui qui fait paraître l'ame la plus grande a l'esprit le plus éclairé; et toutefois il serait difficile de justifier cette préférence. Fénélon a plus de facilité et d'abondance, l'auteur des *Caractères*, plus de précision et plus de force : le premier, d'une imagination plus riante et plus féconde; le second, d'un génie plus véhément : l'un sachant rendre les plus grandes choses familières et sensibles sans les abaisser; l'autre sachant ennoblir les plus petites sans les déguiser : celui-là plus humain; celui-ci plus austère : l'un plus tendre pour la vertu; l'autre plus implacable au vice : l'un et l'autre moins pénétrans et moins profonds que les hommes que j'ai nommés, mais inimitables dans la clarté et dans la netteté de leurs idées; enfin originaux, créateurs dans leur genre, et modèles très-accomplis. »

CARACTÈRES.

I.

Oronte, ou le vieux fou.

ORONTE, vieux et flétri, dit que les gens vieux sont tristes, et que pour lui il n'aime que les jeunes gens. C'est pour cela qu'il s'est logé dans une auberge, où il a, dit-il, le plaisir de ceux qui voyagent, sans leurs peines, parce qu'il voit tous les jours à souper de nouveaux visages. On le voit quelquefois au jeu de paume, avec de jeunes gens qui sortent du bal, et il va déjeuner avec eux. Il les cultive avec le même soin que s'il avait envie de leur plaire. Mais on peut lui rendre justice : ce n'est pas la jeunesse qu'il aime, c'est la folie. Il a un fils qui a vingt ans, et qui est déjà estimé dans le monde ; mais ce jeune homme est appliqué, et passe une grande partie de la nuit à lire. Oronte a brûlé plusieurs fois les livres de son fils, et n'a fait grâce qu'à des vers obscènes, qui d'ailleurs sont assez mauvais. Ce jeune homme en rachète toujours de nouveaux, et trompe les soins de son père. Oronte a voulu lui donner une fille de l'Opéra, que lui-même a eue autrefois, et n'a rien négligé, dit-il, pour son éducation; mais ce petit drôle est entêté, ajoute-t-il, et a l'esprit gâté et plein de chimères.

II.

Thersite.

Thersite est l'officier de l'armée que l'on voit le plus. C'est lui qu'on rencontre toujours à la suite du général, monté sur un petit cheval qui boite, avec un harnais de velours en broderie, et un coureur qui marche devant lui. S'il y a ordre à l'armée de partir la nuit pour cacher une marche à l'ennemi, Thersite ne se couche point comme les autres, quoiqu'il y ait du temps; mais il se fait mettre des papillottes, et fait poudrer ses cheveux en attendant qu'on batte la générale. Il accompagne exactement l'officier de jour, et visite avec lui les postes de l'armée. Il donne des projets au général, et fait un journal raisonné de toutes les opérations de la campagne. On ne fait guère de détachement où il ne se trouve; et comme il est le premier de son régiment à marcher, et qu'on le cherche partout, on apprend qu'il est volontaire à un fourrage qui se fait sur les derrières du camp; et un autre marche à sa place. Ses camarades ne l'estiment point; mais il ne vit pas avec eux, il les évite; et si quelque officier général lui demande le nom d'un officier de son régiment qui est de garde, Thersite répond qu'il le connaît bien, mais qu'il ne se souvient pas de son nom. Il est familier, officieux, insolent, et pourtant très-bas avec son colonel. Il fait servilement sa cour à tous les grands seigneurs de l'armée; et s'il se trouve chez le duc Eugène lorsque celui-ci se débotte, Thersite fait un mouvement pour lui présenter ses souliers; mais comme il s'aperçoit qu'il y a beaucoup de monde dans la chambre, il laisse prendre les souliers par un valet, et rougit en se relevant.

III.

Les jeunes gens.

Les jeunes gens jouissent sans le savoir, et s'ennuient en croyant se divertir. Ils font un souper où ils sont dix-huit sans compter les *dames;* et ils passent la nuit à table à détonner quelques chansons obscènes, à conter le roman de l'Opéra, et à se fatiguer pour chercher le plaisir, qu'à peine les plus impudens peuvent essayer dans un quart-d'heure de faveur; et comme on se pique à tous les âges d'avoir de l'esprit, ils admettent quelquefois à leurs parties des gens de lettres qui font là leur apprentissage pour le monde. Mais tous s'ennuient réciproquement, et ils se détrompent les uns des autres.

Ces jeunes gens vont au spectacle pour se rassembler. Ils y paraissent, épuisés de leurs incontinences, avec une audace affectée et des yeux éteints. Ils parlent grossièrement des femmes, et avec dégoût. On les voit sortir quelquefois au commencement du spectacle, pour satisfaire quelque idée de débauche qui leur vient en tête; et après avoir fait le tour des allées obscures de la foire, ils reviennent au dernier acte de la comédie, et se racontent à l'oreille leurs ridicules prouesses. Ils se font un point d'honneur de traiter légèrement tous les plaisirs; et les plaisirs, qui fuient la dissipation et la folie, ne leur laissent qu'une ombre faible, et une fausse image de leurs charmes.

IV.

Midas, ou le sot qui est glorieux.

Le sot qui a de la vanité est l'ennemi né des talens. S'il entre dans une maison où il trouve un homme d'esprit, et que la maîtresse du logis lui fasse l'honneur de le lui présenter, Midas le salue légèrement, et ne répond point. Si l'on ose louer en sa présence le mérite qui n'est pas riche, il s'assied auprès d'une table, et compte des jetons ou mêle des cartes sans rien dire. Lorsqu'il paraît un livre dans le monde qui fait quelque bruit, Midas jette d'abord les yeux sur la fin, et puis sur le milieu du livre. Ensuite il prononce que l'ouvrage manque d'ordre, et qu'il n'a jamais eu la force de l'achever. On parle devant lui d'une victoire que le héros du Nord a remportée sur ses ennemis; et sur ce qu'on raconte des prodiges de sa capacité et de sa valeur, Midas assure que la disposition de la bataille a été faite par M. de Rottembourg qui n'y était pas, et que le prince s'est tenu caché dans une cabane jusqu'à ce que les ennemis fussent en déroute. Un homme qui a été à cette action l'assure qu'il a vu charger le roi à la tête de sa maison; mais Midas répond froidement qu'on ne verra jamais que des folies d'un prince qui fait des vers, et qui est l'ami de Voltaire.

V.

Le flatteur insipide.

Un homme parfaitement insipide est celui qui loue indifféremment tout ce qu'il croit utile de louer; qui, lorsqu'on lui lit un mauvais roman, mais protégé, le trouve digne de l'auteur du *Sopha*, et feint de le croire de lui; qui demande à un grand seigneur qui lui montre une ode, pourquoi il ne fait pas une tragédie ou un poème épique; qui du même éloge qu'il donne à Voltaire, régale un auteur qui s'est fait siffler sur les trois théâtres; qui se trouvant à souper chez une femme qui a la migraine, lui dit tristement que la vivacité de son esprit la consume comme Pascal, et qu'il faut l'empêcher de se tuer. S'il arrive à un homme de ce caractère de faire une plaisanterie sur quelqu'un qui n'est pas riche, mais dont un homme riche prend le parti, aussitôt le flatteur change de langage, et dit que les petits défauts qu'il reprenait servent d'ombre au mérite distingué. C'est l'homme dont Rousseau disait :

Quelquefois même aux bons mots s'abandonne,
Mais doucement et sans blesser personne.

Cet homme qui a loué toute sa vie jusqu'à ceux qu'il aimait le moins, n'a jamais obtenu des autres la moindre louange, et tout ce que ses amis ont osé dire de plus fort pour lui, c'est ce vieux discours : *En vérité, c'est un honnête garçon*, ou *c'est un bon homme.*

VI.

Lacon, ou le petit homme.

Lacon ne refuse pas son estime à tous les auteurs. Il y a beaucoup d'ouvrages qu'il admire; et tels sont les vers de La Mothe, l'*Histoire romaine* de Rollin, et le *Traité du vrai mérite*, qu'il préfère, dit-il, à La Bruyère. Il met dans une même classe Bossuet et Fléchier, et croit faire honneur à Pascal de le comparer à Nicole, dont il a lu les *Essais* avec une patience tout-à-fait chrétienne. Il soutient qu'après Bayle et Fontenelle, l'abbé Desfontaines est le meilleur écrivain que nous ayons eu. Il ne peut souffrir la musique de Rameau, et si on lui parle des *Indes galantes* ou de l'opéra de *Dardanus*, il se met à chanter des morceaux de *Tancrède*, ou d'un autre ancien opéra. Il n'épargne pas les acteurs qui ont succédé à Murer, à Thevenard, etc., et Poirier ne paraît jamais qu'il ne batte long-temps des mains pour faire de la peine à Gelliotte; tant il est difficile de lui plaire dès qu'on prime en quelque art que ce puisse être.

VII.

Caritès, ou le Grammairien.

Caritès est esclave de la construction, et ne peut souffrir la moindre hardiesse. Il ne sait point ce que c'est qu'éloquence, et se plaint de ce que l'abbé d'Olivet a fait grâce à Racine de quatre cents fautes : mais il sait admirablement la différence de *pas* et *point ;* et il a fait des notes excellentes sur le petit *Traité des Synonymes*, ouvrage très-propre, dit-il, à former un grand orateur. Caritès n'a jamais senti si un mot était propre ou ne l'était pas; si une épithète était juste, et si elle était à sa place. Si pourtant il fait imprimer un petit ouvrage, il y fait, pendant l'impression, de continuels changemens: il voit, il revoit les épreuves, il les communique à ses amis; et si, par malheur, le libraire a oublié d'ôter une virgule qui est de trop, quoiqu'elle ne change point le sens, il ne veut point que son livre paraisse jusqu'à ce qu'on ait fait un carton, et il se vante qu'il n'y a point de livre si bien imprimé que le sien.

VIII.

L'Étourdi.

Il n'y a pas long-temps qu'étant à la comédie auprès d'un jeune homme qui faisait du bruit, je lui dis : Vous vous ennuyez ; il faut écouter une pièce quand on veut s'y plaire. — Mon ami, me répondit-il, chacun sait ce qui le divertit : je n'aime point la comédie, mais j'aime le théâtre : vous êtes bien fou d'imaginer d'apprendre à quelqu'un ce qui lui plaît. — Cela peut bien être, lui dis-je ; je ne savais pas que vous vinssiez à la comédie pour avoir le plaisir de l'interrompre. — Et moi je savais, me dit-il, qu'on ne sait ce qu'on dit quand on raisonne des plaisirs d'autrui ; et je vous prendrais pour un sot, mon très-cher ami, si je ne vous connaissais depuis long-temps pour le fou le plus accompli qu'il y ait au monde. — En achevant ces mots, il traversa le théâtre, et alla baiser sur la joue un homme grave qu'il ne connaissait que de la veille.

IX.

Clazomène, ou la Vertu malheureuse.

Clazomène a eu l'expérience de toutes les misères de l'humanité. Les maladies l'ont assiégé dès son enfance, et l'ont sevré dans son printemps de tous les plaisirs de la jeunesse. Né pour les plus grands déplaisirs, il a eu de la hauteur et de l'ambition dans la pauvreté. Il s'est vu dans ses disgrâces méconnu de ceux qu'il aimait. L'injure a flétri sa vertu; et il a été offensé de ceux dont il ne pouvait prendre de vengeance. Ses talens, son travail continuel, son application à bien faire n'ont pu fléchir la dureté de sa fortune. Sa sagesse n'a pu le garantir de faire des fautes irréparables. Il a souffert le mal qu'il ne méritait pas, et celui que son imprudence lui a attiré. Lorsque la fortune a paru se lasser de le poursuivre, la mort s'est offerte à sa vue. Ses yeux se sont fermés à la fleur de son âge; et quand l'espérance trop lente commençait à flatter sa peine, il a eu la douleur insupportable de ne pas laisser assez de bien pour payer ses dettes, et n'a pu sauver sa vertu de cette tache. Si l'on cherche quelque raison d'une destinée si cruelle, on aura, je crois, de la peine à en trouver. Faut-il demander la raison pourquoi des joueurs très-habiles se ruinent au jeu, pendant que d'autres hommes y font leur fortune? ou pourquoi l'on voit des années qui n'ont ni printemps ni automne, où les fruits de l'année sèchent dans leur fleur? Toutefois qu'on ne pense pas que Clazomène eût voulu changer sa misère pour la prospérité des hommes faibles. La fortune peut se jouer de la sagesse des gens vertueux; mais il ne lui appartient pas de faire fléchir leur courage.

X.

Phalante, ou le Scélérat.

Phalante a voué ses talens aux fureurs et au crime : impie, esclave insolent des grands, ambitieux, oppresseur des faibles, contempteur des bons, corrupteur audacieux de la jeunesse, son génie violent et hardi préside en secret à tous les crimes qui sont ensevelis dans les ténèbres. Il est dès long-temps à la tête de tous les débauchés et les scélérats. Il ne se commet point de meurtres ni de brigandage où son noir ascendant ne le fasse tremper. Il ne connaît ni l'amour, ni la crainte, ni la foi, ni la compassion. Il méprise l'honneur autant que la vertu, et il hait les dieux et les lois. Le crime lui plaît par lui-même. Il est scélérat sans dessein et audacieux sans motif. Les extrémités les plus dures, la faim, la douleur, la misère ne l'abattent point. Il a éprouvé tour à tour l'une et l'autre fortune : prodigue et fastueux dans l'abondance, entreprenant et téméraire dans la pauvreté, emporté et souvent cruel dans ses plaisirs, dissimulé et implacable dans ses haines, furieux et barbare dans ses vengeances, éloquent seulement pour persuader le crime, et pour pervertir l'innocence, son naturel féroce et indomptable aime à fouler aux pieds l'humanité, la prudence et la religion; il vit tout souillé d'infamie; il marche la tête levée; il menace de ses regards les sages et les vertueux; sa témérité insolente triomphe des lois.

XI.

Isocrate, ou le bel esprit moderne.

Le bel esprit moderne (1) n'est ni philosophe, ni poète, ni historien, ni théologien; il a toutes ces qualités si différentes et beaucoup d'autres; il est obligé de dire assez de choses inutiles, parce qu'il doit fort peu parler de choses nécessaires. Le sublime de sa science est de rendre des pensées frivoles par des traits. Qui veut mieux penser ou mieux vivre? Qui sait

(1) Remond de Saint-Marc. Il a fait imprimer en 1743 trois volumes de littérature, où l'on trouve de l'esprit, mais point de goût, et un jugement souvent faux. C'était le frère de Remond le mathématicien, de qui on a recueilli quelques lettres qu'il écrivait à Mme. de Launay (Mlle. de Staal). S.

même où est la vérité? Un esprit vraiment supérieur fait valoir toutes les opinions, et ne tient à aucune. Il a vu le fort et le faible de tous les principes et il a reconnu que l'esprit humain n'avait que le choix de ses erreurs. Indulgente philosophie, qui égale Achille et Thersite, et nous laisse la liberté d'être ignorans, paresseux, frivoles, oisifs, sans nous faire de pire condition! Aussi mettons-nous à la tête des philosophes son illustre auteur, et je veux avouer qu'il y a peu d'hommes d'un esprit si philosophique, si fin, si facile, si net, et d'une si grande surface; mais nul n'est parfait; et je crois que les plus sublimes esprits ont eux-mêmes des endroits faibles. Ce sage et subtil philosophe n'a jamais compris que la vérité nue pût intéresser; la simplicité, la véhémence, le sublime ne le touchent point. *Il me semble*, dit-il, *qu'il ne faudrait donner dans le sublime qu'à son corps défendant; il est si peu naturel*. Isocrate veut qu'on traite toutes les choses du monde en badinant; aucune ne mérite, selon lui, un autre ton. Si on lui représente que les hommes aiment sérieusement jusqu'aux bagatelles, et ne badinent que des choses qui les touchent peu, il n'entend pas cela, dit-il; pour lui il n'estime que le naturel; cependant son badinage ne l'est pas toujours, et ses réflexions sont plus fines que solides. Isocrate est le plus ingénieux de tous les hommes, et compte pour peu tout le reste. C'est un homme qui ne veut ni persuader, ni corriger, ni instruire personne. Le vrai et le faux, le frivole et le grand, tout ce qui lui est occasion de dire quelque chose d'agréable, lui est aussi propre. Si César vertueux peut lui fournir un trait, il peindra César vertueux, sinon il fera voir que toute sa fortune n'a été qu'un coup du hasard, et Brutus sera tour à tour un héros ou un scélérat, selon qu'il sera plus utile à Isocrate. Cet auteur n'a jamais écrit que dans une seule pensée; il est parvenu à son but. Les hommes ont enfin tiré de ses ouvrages ce plaisir solide de savoir qu'il a de l'esprit. Quel moyen après cela de condamner un genre d'écrire si intéressant et si utile!

On ne finirait point sur Isocrate et sur ses pareils, si on voulait tout dire. Ces esprits si fins ont paru après les grands hommes du siècle passé. Il ne leur était pas facile de donner à la vérité la même autorité et la même force que l'éloquence lui avait prêtée; et pour se faire remarquer après de si grands hommes, il fallait avoir leur génie ou marcher dans une autre voie. Isocrate, né sans passions, privé de sentiment pour la simplicité et l'éloquence, s'attacha bien plus à détruire qu'à rien établir. Ennemi des anciens systèmes, et savant à saisir le faible des choses humaines, il voulut paraître à son siècle comme un philosophe impartial, qui n'obéissait qu'aux lumières de la plus exacte raison. Sans chaleur et sans préjugés, les hommes sont faits de manière que si on leur parle avec autorité et avec passion, leurs passions et leur pente à croire les persuadent facilement; mais si au contraire on badine et qu'on leur propose des doutes, ils écoutent avidement, ne se défiant pas qu'un homme qui parle de sang-froid puisse se tromper; car peu savent que le raisonnement n'est pas moins trompeur que le sentiment, et d'ailleurs l'intérêt des faibles, qui composent le plus grand nombre, est que tout soit cru équivoque. Isocrate n'a donc eu qu'à lever l'étendard de la révolte contre l'autorité et les dogmatiques, pour faire aussitôt beaucoup de prosélytes. Il a comparé le génie de l'esprit ambitieux des héros de la Grèce à l'esprit de ses courtisanes; il a méprisé les beaux-arts. *L'éloquence*, a-t-il dit, *et la poésie sont peu de chose;* et ces paradoxes brillans il a su les insinuer avec beaucoup d'art, en badinant et sans paraître s'y intéresser. Qui n'eût cru qu'un pareil système n'eût fait un progrès pernicieux dans un siècle si amoureux du raisonnement et du vice? Cependant la mode a son cours, et l'erreur périt avec elle. On a bientôt senti le faible d'un auteur qui paraissant mépriser les plus grandes choses, ne méprisait pas de dire des pointes, et n'avait point de répugnance à se contredire, pour ne pas perdre un trait d'esprit. Il a plu par la nouveauté et par la petite hardiesse de ses opinions; mais sa réputation précipitée a déjà perdu tout son lustre; il a survécu à sa gloire, et il sert à son siècle de preuve qu'il n'y a que la simplicité, la vérité et l'éloquence, c'est-à-dire toutes les choses qu'il a méprisées, qui puissent durer.

XII.

Thieste, ou la Simplicité.

Thieste est né simple et naïf: il aime la pure vertu, mais il ne prend pas pour modèle la vertu d'un autre; il connaît peu les règles de la probité, il la suit par tempérament. Lorsqu'il y a quelque loi de la morale qui ne s'accorde pas avec ses sentimens, il la laisse à part, et n'y pense point. S'il rencontre, la nuit, une de ces femmes qui épient les jeunes gens, Thieste souffre qu'elle l'entretienne, et marche quelque temps à côté d'elle; et comme elle se plaint de la nécessité qui détruit toutes les vertus, et fait les opprobres du monde, il lui dit que la pauvreté n'est point un vice quand on sait vivre de son industrie, sans nuire à personne; et ne se trouvant point d'argent parce qu'il est jeune, il lui donne sa montre qui n'est plus à la mode, et qui est un présent de sa mère; ses camarades se moquent de lui et le tournent en ridicule, mais il leur répond : Mes amis, vous riez de trop peu de chose. Le monde est rempli de misères qui serrent le cœur; il faut être humain; le désordre des malheureux est toujours le crime des riches.

XIII.

Trasille, ou les gens à la mode.

Trasille n'a jamais souffert qu'on fît de réflexions en sa présence, et que l'on eût la liberté de parler juste. Il est vif, léger et railleur; n'estime et n'épargne personne, change incessamment de discours, ne se laisse ni manier, ni user, ni approfondir, et fait plus de visites en un jour que Dumoulin ou qu'un homme qui sollicite pour un grand procès. Ses plaisanteries sont amères : il loue rarement. Il pousse l'insolence jusqu'à interrompre ceux qui sont assez vains pour le louer, les fixe et détourne la tête. Il est dur, avare, impérieux; il a de l'ambition par arrogance, et quelque crédit par audace. Les femmes le courent, il les joue : il ne connaît pas l'amitié; il est tel que le plaisir même ne peut l'attendrir un moment.

XIV.

Phocas, ou la fausse singularité.

Phocas se pique plus qu'homme du monde de n'emprunter de personne ses idées. Si vous lui parlez d'éloquence, ne lui nommez pas Cicéron, il vous ferait d'abord l'éloge d'Abdallah, d'Abutales et de Mahomet, et vous assurerait que rien n'égale la sublimité des Arabes. Lorsqu'il est question de la guerre, ce n'est ni M. de Turenne ni le grand Condé qu'il admire; il leur préfère d'anciens généraux dont on ne connaît que les noms et quelques actions contestées. En tel genre que ce puisse être (1), si vous lui citez deux grands hommes, soyez sûr qu'il choisira toujours le moins illustre. Phocas évite de se rencontrer avec les autres, et dédaigne de par-

(1) On dirait mieux, je crois, en *quelque genre*, etc. S.

ler juste. Il affecte surtout de n'être point suivi dans ses discours, comme un homme qui ne parle que par inspiration et par saillies. Si vous lui dites quelque chose de sérieux, il répond par une plaisanterie; et si vous parlez au contraire de choses frivoles, il entame un discours sérieux. Il dédaigne de contredire, mais il interrompt. Il est bien aise de vous faire entendre que vous ne dites rien qui l'intéresse; que tout est usé pour quelqu'un qui pense et qui sent comme lui. Faible esprit, qui s'est persuadé qu'on est singulier par étude, et à force d'affectation, original.

XV.

Cirus, ou l'esprit extrême.

Cirus cachait sous un extérieur simple un esprit ardent et inquiet. Modéré au dehors, mais extrême; toujours occupé au dedans, et plus agité dans le repos que dans l'action; trop libre et trop hardi dans ses opinions pour donner des bornes à ses passions; suivant avec indépendance tous ses sentimens, et subordonnant toutes les règles à son instinct, comme un homme qui se croit maître de son sort, et se confie à son naturel présomptueux et inflexible : dénué des talens qui soulèvent les hommes dans la médiocrité et qui ne se rencontrent pas avec des passions si sérieuses; supérieur à cette fortune qui le renferme dans l'enceinte d'une ville ou d'une petite province, fruit d'une sagesse assez bornée; éloquent, profond, pénétrant; né avec le discernement des hommes (1), séducteur hardi et flatteur, fertile et puissant en raisons, impénétrable dans ses artifices; plus dangereux lorsqu'il disait la vérité, que les plus trompeurs ne le sont par les déguisemens et le mensonge; un de ces hommes que les autres hommes ne comprennent point, que la médiocrité de leur fortune déguise et avilit, et que la prospérité seule peut développer.

XVI.

Lipse.

Lipse n'avait aucun principe de conduite; il vivait au hasard et sans dessein; il n'avait aucune vertu. Le vice même n'était dans son cœur qu'une privation de sentiment et de réflexion. Pour tout dire, il n'avait point d'ame : vain sans être sensible au déshonneur; capable d'exécuter sans intérêt et sans malice

(1) C'est-à-dire *avec le talent de discerner le caractère des hommes*. Cette ellipse est forcée. S.

les plus grands crimes; ne délibérant jamais sur rien; méchant par faiblesse; plus vicieux par déréglement d'esprit que par amour du vice. En possession d'un bien immense à la fleur de son âge, il passait sa vie dans la crapule avec des joueurs d'instrumens et des comédiennes. Il n'avait dans sa familiarité que des gens de basse extraction, que leur libertinage et leur misère avait d'abord rendus ses complaisans, mais dont la faiblesse de Lipse lui faisait bientôt des égaux, parce qu'il n'y a point d'avantage avec lequel on se familiarise si promptement que la fortune qui n'est soutenue d'aucun mérite. On trouvait dans son antichambre, sur son escalier, dans sa cour, toutes sortes de personnages qui assiégeaient sa porte. Né dans une extrême distance du bas peuple, il en rassemblait tous les vices, et justifiait la fortune, que les misérables accusent des défauts de la nature.

XVII.

Lisias, ou la fausse éloquence.

Lisias sait orner une histoire de quelques couleurs; il raconte agréablement, et il embellit ce qu'il touche. Il aime à parler; il écoute peu; il se fait écouter long-temps, et s'étend sur des bagatelles, afin d'y placer toutes ses fleurs. Il ne pénètre point ceux à qui il parle; il ne cherche point à les pénétrer; il ne connaît ni leurs intérêts, ni leurs caractères, ni leurs desseins. Bien loin de chercher à flatter leurs passions ou leurs espérances, il agit toujours avec eux comme s'ils n'avaient d'autre affaire que de l'écouter et de rire de ses saillies. Il n'a de l'esprit que pour lui; il ne laisse pas même aux autres le temps d'en avoir pour lui plaire. Si quelqu'un d'étranger chez lui a la hardiesse de le contredire, Lisias continue à parler, ou s'il est obligé de lui répondre, il affecte d'adresser la parole à tout autre qu'à celui qui pourrait le redresser. Il prend pour juge de ce qu'on lui dit, quelque complaisant qui n'a garde de penser autrement que lui. Il sort du sujet dont on parle, et s'épuise en comparaisons. A propos d'une petite expérience de physique, il parle de tous les systèmes de physique. Il croit les orner, les déduire, et personne ne les entend. Il finit en disant qu'un homme qui invente un fauteuil plus commode, rend plus de service à l'État que celui qui a fait un nouveau système de philosophie. Lisias ne veut pas cependant qu'on croie qu'il ignore les choses les moins importantes. Il a lu jusqu'aux voyageurs et jusqu'aux relations des missionnaires. Il raconte de point en point les coutumes d'Abyssinie et les lois de l'Empire de la Chine. Il dit ce qui fait la beauté en Éthiopie, et il conclut que la beauté est arbitraire, puisqu'elle change selon les pays. Lisias a été plus modeste, plus aimable et plus complaisant. La vieillesse qui fixe les fortunes, détruit les vertus. Ceux qui voient aujourd'hui Lisias sont assez persuadés de son esprit, mais aucun n'est content de soi (1); aucun ne se souvient de ses discours, nul n'en est touché, nul n'a envie de s'attacher à lui. Il a des équipages magnifiques, une table très-délicate pour des gens de basse extraction qui l'applaudissent. Il habite dans un palais; ce sont les avantages qu'il retire de beaucoup d'esprit et d'une plus grande fortune (2).

XVIII.

Alcipe.

Alcipe a pour les choses rares cet empressement qui témoigne un goût inconstant pour celles

(1) Ce caractère a été imprimé pour la première fois dans l'édition de 1806; les éditions faites depuis portent toutes *de soi*, il semble qu'il faut *de lui*. Édit.

(2) L'auteur veut dire que Lisias a encore plus de fortune que d'esprit; mais cette manière d'exprimer la pensée ne me paraît pas correcte. S.

qu'on possède. Sujet en effet à se dégoûter des plus solides, parce qu'il a moins de passion que de curiosité pour elles; peu propre, par défaut de réflexion, à tirer long-temps des mêmes hommes et des mêmes choses de nouveaux usages; moins touché quelquefois du grand que du merveilleux; laissant emporter son esprit, qui manque naturellement un peu d'assiette, aux impressions précipitées de la surprise, et cherchant dans le changement ou par le secours des fictions, des objets qui éveillent son ame trop peu attentive et vide de grandes passions; capable néanmoins de concevoir le grand et de s'y élever, mais trop paresseux et trop volage pour s'y soutenir; hardi dans ses projets et dans ses doutes, mais timide à croire et à faire; défiant avec les habiles, par la crainte qu'ils n'abusent de son caractère sans précaution et sans artifice; fuyant les esprits impérieux qui l'obligent à sortir de son naturel pour se défendre, et font violence à sa timidité et à sa modestie; épineux par la crainte d'être dupe, quelquefois injuste; comme il craint les explications par timidité ou par paresse, il laisse aigrir plusieurs sujets de plainte sur son cœur, trop faible également pour vaincre et pour produire ces délicatesses : tels sont ses défauts les plus cachés. Quel homme n'a pas ses faiblesses. Celui-ci joint à l'avantage d'un beau naturel un coup d'œil fort vif et fort juste; personne ne juge si sainement des choses au degré où il les pénètre; il ne les suit pas assez loin. La vérité échappe trop promptement à son esprit naturellement vif, mais faible, et plus pénétrant que profond. Son goût, d'une justesse rare sur les choses de sentiment, saisit avec peine celles qui ne sont qu'ingénieuses. Trop naturel pour être affecté de l'art, il ignore jusqu'aux bienséances estimables, par cette grande et précieuse simplicité, par la noblesse de ses sentimens, par la vivacité de ses lumières, et par des vertus trop aimables pour être exprimées.

XIX.

Le mérite frivole.

Un homme du monde est celui qui a beaucoup d'esprit inutile, qui sait dire des choses flatteuses qui ne flattent point, des choses sensées qui n'instruisent point; qui ne peut persuader personne, quoiqu'il parle bien; qui a de cette sorte d'éloquence qui sait créer ou embellir les bagatelles, et qui anéantit les grands sujets; aussi pénétrant sur le ridicule qu'aveugle et dédaigneux pour le mérite; un homme riche en paroles et en extérieur, qui ne pouvant primer par le bon sens, s'efforce de paraître par la singularité; qui craignant de peser par la raison, pèse par son inconséquence et ses écarts; plaisant sans gaieté, vif sans passions; qui a besoin de changer sans cesse de lieux et d'objets, et ne peut suppléer par la variété de ses amusemens le défaut de son propre fonds.

Si plusieurs personnes de son caractère se rencontrent ensemble, et qu'on ne puisse pas arranger une partie, ces hommes qui ont tant d'esprit n'en ont pas assez pour soutenir une demi-heure de conversation, même avec des femmes, et ne pas s'ennuyer d'abord des uns des autres. Tous les faits, toutes les nouvelles, toutes les plaisanteries, toutes les réflexions sont épuisées en un moment. Celui qui n'est pas employé à un quadrille ou à un quinze, est obligé de se tenir assis auprès de ceux qui jouent, pour ne pas se trouver vis-à-vis d'un autre homme qui est auprès du feu, et auquel il n'a rien à dire. Tous ces gens aimables qui ont banni la raison de leurs discours, font voir qu'on ne peut s'en passer; le faux peut fournir quelques scènes qui piquent la surface de l'esprit, mais il n'y a que le vrai qui touche et qui ne s'épuise jamais.

XX.

Titus, ou l'Activité.

Titus se lève seul et sans feu pendant l'hiver; et quand ses domestiques entrent dans sa chambre, ils trouvent déjà sur sa table un tas de lettres qui attendent la poste. Il commence à la fois plusieurs ouvrages qu'il achève avec une rapidité inconcevable, et que son génie impatient ne lui permet pas de polir. Quelque chose qu'il entreprenne, il lui est impossible de la retarder; une affaire qu'il remettrait l'inquiéterait jusqu'au moment qu'il pourrait la reprendre. Occupé de soins si sérieux, on le rencontre pourtant dans le monde comme les hommes les plus désœuvrés. Il ne se renferme pas dans une seule société, il cultive en même temps plusieurs sociétés; il entretient des relations sans nombre au dedans et au dehors du royaume. Il a voyagé, il a écrit, il a été à la cour et à la guerre; il excelle en plusieurs métiers, et connaît tous les hommes et tous les livres. Les heures qu'il est dans le monde, il les emploie à former des intrigues et à cultiver ses amis; il ne comprend pas que les hommes puissent parler pour parler, ou agir seulement pour agir, et l'on voit que son ame souffre quand la nécessité et la politesse le retiennent inutilement. S'il recherche quelque plaisir, il n'y emploie pas moins de manége que dans les affaires les plus sérieuses; et cet usage qu'il fait de son esprit l'occupe plus vivement que le plaisir même qu'il poursuit. Sain et malade, il conserve la même activité; il va solliciter un procès le jour qu'il a pris médecine, et fait des vers une autre fois avec la fièvre; et quand on le prie de se ménager, *Hé!* dit-il, *le puis-je un moment? vous voyez les affaires qui m'accablent*; quoiqu'au vrai il n'y en a aucune qui ne soit tout-à-fait volontaire. Attaqué d'une maladie plus dangereuse, il se fait habiller pour mettre ses papiers en ordre : il se souvient des paroles de Vespasien, et comme cet empereur, veut mourir debout.

XXI.

Le Paresseux.

Au contraire, un homme pesant se lève le plus tard qu'il peut, dit qu'il a besoin de sommeil, et qu'il faut qu'il dorme pour se porter bien. Il est toute la matinée à se laver la bouche; il tracasse en robe de chambre, prend du thé à plusieurs reprises, et ne dîne point parce qu'il n'en a pas le temps. S'il va voir une jeune femme, que cette visite importune, mais qui ne veut pas que personne sorte mécontent d'auprès d'elle, il lui laisse toute la peine de l'entretenir; elle fait des efforts visibles pour ne pas laisser tomber la conversation. L'indolent ne s'aperçoit pas que lui-même ne parle point; il ne sent pas qu'il pèse à cette jeune femme; il s'enfonce dans son fauteuil, où il est à son aise, où il s'oublie et n'imagine pas qu'il y ait au monde quelqu'un qui s'ennuie, pendant qu'un homme qui l'attend chez lui, et auquel il a donné heure pour finir une affaire, ne peut comprendre ce qui le retarde. De retour chez soi, on lui dit que cet homme a fort attendu et s'en est enfin allé. Il répond qu'il n'y a pas grand mal, et dit qu'on le fasse souper.

XXII.

Horace, ou l'Enthousiaste.

Horace se couche au point du jour, et se lève quand le soleil est déjà sur son déclin. Les rideaux de sa chambre demeurent fermés jusqu'à ce que la nuit approche. Il lit quelquefois aux flambeaux pendant le jour, afin d'être plus recueilli; et la tête échauffée par sa lecture, il lui arrive de quitter son livre, de parler seul, et de prononcer des paroles qui n'ont aucun sens. On l'a vu autrefois à Rome, pendant les chaleurs de l'été, se promener toute la nuit sur des ruines, ou s'asseoir parmi des tombeaux, et interroger ces débris. On l'a vu aussi à des bals s'attacher quelquefois à un masque qui ne parlait point, et se rendre amoureux de ce silence, qu'il interprétait follement; car Horace est l'homme du monde dont l'imagination va le plus vite, et son esprit prompt et fertile sait prêter aux êtres muets toutes les passions qui l'animent. Une autre fois, sur ce qu'il entend dire qu'un ministre a parlé librement au prince en faveur de quelque innocent, Horace lui écrit avec transport, et le félicite au nom des peuples d'une belle action qu'il n'a pas faite. On lui reproche ses extravagances, et il les avoue. Il se raconte lui-même si naïvement qu'on lui pardonne sans aucune peine ses folles singularités. Il parle même quelquefois avec tant de sens, de justesse et de véhémence, qu'on est malgré soi entraîné. Sa forte éloquence lui fait prendre de l'ascendant sur les esprits. Ceux qui se sont moqués de ses chimères deviennent très-souvent ses prosélytes, et plus enthousiastes que lui, ils répandent ses sentimens et sa folie.

XXIII.

Théophile, ou la Profondeur.

Théophile a été touché dès sa jeunesse d'une forte curiosité de connaître le genre humain et le différent caractère des nations. Poussé par ce puissant instinct, et peut-être aussi par l'erreur de quelque ambition plus secrète; il a consumé ses beaux jours dans l'étude et dans les voyages, et sa vie toujours laborieuse a toujours été agitée. Son esprit perçant et actif a tourné son application du côté des grandes affaires et de l'éloquence solide. Il est simple dans ses paroles, mais hardi et fort. Il parle quelquefois avec une liberté qui ne lui peut nuire, et qui écarte cependant la défiance de l'esprit d'autrui. Il paraît d'ailleurs comme un homme qui ne cherche point à pénétrer les autres, mais qui suit la vivacité de son humeur. Quand il veut faire parler un homme froid, il le contredit quelquefois pour l'animer; et si celui-ci dissimule, sa dissimulation et son silence parlent à Théophile; car il sait quelles sont les choses que l'on cache, tant il est difficile de lui échapper. Il tourne, il manie un esprit, il le feuillette, si j'ose ainsi dire, comme on discute un livre qu'on a sous les yeux et qu'on ouvre à divers endroits. Théophile ne fit jamais ni fausses démarches, ni discours frivoles, ni préparations inutiles. Aussi a-t-il l'art d'abréger les affaires les plus contentieuses et les négociations les plus difficiles. Tous ceux qui l'entendent parler se confient aussitôt à lui, parce qu'ils se flattent d'abord de le connaître. Sa simplicité leur en impose; son esprit profond ne peut être ainsi mesuré. La force et la droiture de son jugement lui suffisent pour pénétrer les autres hommes, mais il échappe à leur curiosité sans artifice. Par la seule étendue de son génie, Théophile est la preuve que l'habileté n'est pas uniquement un art, comme les hommes faux se le figurent, et que la supériorité d'esprit nous cache bien plus sûrement que la finesse ou que la dissimulation, toujours inutile au fourbe contre la prudence.

XXIV.

Cléon, ou la folle ambition.

Cléon a passé sa jeunesse dans l'obscurité, entre la vertu et le crime. Vivement occupé de sa fortune avant de se connaître, et plein de projets chimériques, il se repaissait de ces songes dans un âge mûr. Son naturel ardent et mélancolique ne lui permettait pas de se distraire de cette sérieuse folie. Il comprenait à peine que les autres hommes pussent être touchés par d'autres biens, et s'il voyait des gens qui allaient à la campagne dans l'automne pour jouir des présens de la nature, il ne leur enviait ni leur gaieté, ni leur bonne chère, ni leurs plaisirs. Pour lui il ne se promenait point, il ne chassait point, il ne faisait nulle attention au changement des saisons. Le printemps n'avait à ses yeux aucune grâce. S'il allait quelquefois à la campagne, c'était pendant la plus grande rigueur de l'hiver, afin d'être seul et de méditer plus profondément quelque chimère. Il était triste, inquiet, rêveur, extrême dans ses espérances et dans ses craintes, immodéré dans ses chagrins et dans ses joies; peu de chose abattait son esprit violent, et le moindre succès le retenait. Si quelque lueur de fortune le flattait de loin, alors il devenait plus solitaire, plus distrait et plus taciturne; il ne dormait plus, il ne mangeait point; la joie consumait ses entrailles, comme un feu ardent qu'il portait au fond de lui-même. A cette ambition effrénée il joignait quelque humanité et quelque bonté naturelle. Ayant rencontré à Venise un Suédois autrefois très-riche, alors misérable et proscrit, le cœur de Cléon fut ému ; et comme il venait de gagner au jeu cent ducats, il dit en lui-même : *Il n'y a qu'une heure que je n'avais pas besoin de cet argent*, et il le donna aussitôt à ce Suédois, qui, touché de cette noblesse, ne put retenir quelques larmes que lui arrachaient la mémoire et le déplaisir de ses fautes ; mais Cléon, d'un air inspiré : « Auriez-vous, dit-il, le courage de « tuer un homme dont la mort importe à l'État « et pourrait finir vos misères ? » L'étranger pâlit, et Cléon qui observait alors son visage : « Je vois bien, dit-il, que la seule « pensée du crime vous effraie. Je vous estime « plus de cette délicatesse dans une si grande « adversité, que je n'estime toutes les vertus « d'un homme heureux. Vous êtes humain dans « la pauvreté, et vous préférez l'innocence à la « fortune. Puissiez-vous fléchir sa rigueur ! » En achevant ces mots, il le quitta brusquement, et partit de Venise sans l'avoir revu, laissant cet étranger dans une grande incertitude de ses sentimens, qui n'étaient pas même connus de ses plus intimes amis ; car la médiocrité de sa fortune l'ayant obligé de cacher l'étendue de son ambition, son sérieux ardent et austère passait pour sagesse ; tant les hommes sont peu capables de se concevoir les uns les autres.

XXV.

Turnus, ou le Chef de parti.

Turnus est le médiateur et en quelque sorte le centre de ceux qui, par le caractère de leurs sentimens ou par la disposition de leur fortune, ont besoin d'un milieu qui les rapproche et qui concilie leurs esprits. Deux hommes qui ne se comprennent point trouvent tous les deux près de lui la justice qu'ils se refusent et l'estime qui leur est due. Sans sortir de son caractère, il se prête aisément à tous, et sait supporter les défauts de ceux qui lui sont attachés. Il estime les hommes selon leur courage et la force de leur caractère. Il préfère les sages à ceux qui n'ont que de l'esprit, et les jeunes gens ambitieux aux vieillards qui n'ont que de la sagesse; parce que la jeunesse est plus agissante, plus hardie dans ses espérances, et plus sincère dans ses affections. Quiconque a de la résolution, peut se jeter avec confiance entre ses bras. Il sert ses amis dans leurs peines, dans l'opprobre et dans les plaisirs. Son humanité, ses services et son éloquence ingénue lui assujétissent les cœurs. S'il s'arrête un seul jour dans une ville, il s'y fait dans ce peu de temps des créatures et des partisans passionnés. Quelques uns abandonnent leur province, dans la seule espérance de le retrouver, et d'en être protégés dans la capitale. Ils ne sont pas trompés dans leur attente; Turnus les reçoit parmi ses amis, et il leur tient lieu de patrie. Il ne ressemble point à ceux qui, capables par vanité et par industrie de se faire des créatures, les perdent par paresse ou par inconstance; qui promettent toujours plus qu'ils ne tiennent, et blessent sans retour ceux qu'ils abusent ou qu'ils n'ont servis qu'à demi. Comme il ne cultive pas les hommes sans dessein, il ne les néglige jamais par légèreté. La réputation de ses vertus et ses insinuations lui ont concilié un très-grand nombre de ces hommes sages qui ont toujours de l'autorité dans le public, quoiqu'ils n'occupent pas les premières places. Si les ennemis de Turnus répandent qu'il trame un dessein contre la république, ceux-ci se rendent garans de son innocence, sollicitent pour lui quand il est accusé, et détournent contre ses délateurs l'indignation publique. Il s'est fait d'ailleurs à la guerre une haute réputation qui orne ses autres vertus, car il a compris de bonne heure que ceux qui commandaient avec succès dans les armées, éclipsaient aisément les politiques, et faisaient tomber leur crédit; et de plus il n'ignore pas que l'on ne peut rien entreprendre d'extraordinaire sans faire la guerre. Mais, malgré le nom qu'il s'y est fait, les plus vils citoyens sont moins modestes et moins populaires, et l'on ne rencontre que lui dans les places, sous les portiques et dans les plus humbles maisons. Ainsi, sans orgueil et sans faste, il est à la tête d'un parti puissant, avant que ceux qui le composent sachent eux-mêmes que c'est un parti. Aucun n'a son secret, mais il est sûr de tous; et lorsqu'il sera temps d'agir, nul ne manquera à son chef, à son bienfaiteur, à son ami; et si cependant la fortune, qui peut tout contre la prudence, fait qu'il est prévenu dans ses desseins, il avoue la plupart des faits qu'on lui impute, et les justifie par les lois ou par la force de son éloquence. Ses juges sont étonnés de sa sécurité et attendris de ses discours. La cabale qui veut sa perte n'ose le laisser reparaître ni l'interroger en public. Quoiqu'il soit convaincu d'avoir attenté contre la liberté, on est obligé de le faire mourir secrètement, et le peuple qui l'adorait demeure persuadé de son innocence.

XXVI.

Lentulus, ou le Factieux.

Lentulus se tient renfermé dans le fond d'un vaste édifice qu'il a fait bâtir, et où son ame austère s'occupe en secret de projets ambitieux et téméraires. Là, il travaille le jour et la nuit pour tendre des piéges à ses ennemis, pour éblouir le peuple par des écrits, et amuser les grands par des promesses. Sa maison quelquefois est pleine de gens inconnus, qui attendent pour lui parler, qui vont, qui viennent; on les voit fort souvent entrer la nuit dans son appartement, et en sortir un peu devant l'aurore. Lentulus fait des associations avec des grands qui le haïssent, pour se soutenir contre d'autres grands dont il est craint. Il tient aux plus puissans par ses alliances, par ses charges et par ses menées. Quoiqu'il soit né fier, impérieux et peu abordable, il ne néglige pourtant pas le peuple. Il lui donne des fêtes et des spectacles; et lorsqu'il se montre dans les rues, il fait jeter de l'argent autour de sa litière, et ses émissaires, postés en différens endroits sur son passage, excitent la canaille à l'applaudir. Ils l'excusent de ne pas se montrer plus souvent, sur ce qu'il et trop occupé des besoins de la république, et qu'un travail sévère et sans relâche ne lui laisse aucun jour de libre. Il est en effet surchargé par la diversité et la multitude des affaires qui l'appliquent, et ces occupations laborieuses le suivent partout; car même à l'armée, où il y a tant de distractions inévitables, les troupes le voient rarement; et pendant qu'il est obsédé de ses créatures, qu'il donne des ordres ou qu'il médite des intrigues, le soldat murmure de ne pas le voir, et blâme ce genre de vie trop austère. Lentulus emploie sa retraite à traverser sécrètement les entreprises du consul, qui commande en chef; et il fait si bien, que le pain, le fourrage et même l'argent manquent au quartier général, pendant que tout abonde dans son propre camp. S'il arrive alors que les troupes de la république reçoivent quelque échec de l'ennemi, aussitôt les courriers de Lentulus font retentir la capitale de ses plaintes contre le consul. Le peuple s'assemble dans les places par pelotons, et les créatures de Lentulus ont grand soin de lire des lettres par lesquelles il paraît qu'il a sauvé l'armée d'une entière défaite. Toutes les gazettes répètent les mêmes bruits, et tous les nouvellistes sont payés d'avance pour les confirmer. Le consul est forcé d'envoyer des mémoires pour justifier sa conduite contre les artifices de son ennemi. Celui qu'il a chargé de cette affaire, qui est un homme instruit et hardi, arrive dans la capitale où il est attendu avec impatience, et on s'attend qu'il révélera bien des mystères; mais le lendemain le sénat s'étant extraordinairement assemblé, on vient lui annoncer que cet envoyé a été trouvé mort dans son lit, et qu'on a détourné tous ses papiers. Les gens de bien, consternés, gémissent secrètement de cet attentat; mais les partisans de Lentulus en triomphent publiquement, et la république est menacée d'une horrible servitude.

XXVII.

Clodius, ou le Séditieux.

Clodius assemble chez lui une troupe de libertins et de jeunes gens accablés de dettes. Le sénat a fait une loi pour réprimer le luxe de ces jeunes gens, et l'énormité des emprunts. Clodius leur dit : Mes amis, pouvez-vous souffrir la rigueur, la hauteur et la dureté d'un gouvernement si austère? On défend aux uns les plaisirs, on ferme aux autres les chemins de la fortune, on s'efforce d'anéantir le courage et l'esprit de tous, en tenant sous des lois étroites leur génie captif; et cette servitude de chaque particulier, on ose la nommer liberté publique! Mes amis, on hait les tyrans qui veulent régner par la force; et qu'importe d'être l'esclave des hommes ou des lois, quand les lois sont plus tyranniques que ceux qui les violent? Est-ce à nous à subir le joug de quelques vieillards languissans? La nature aurait-elle fait les faibles pour l'autorité, et les forts pour leur obéir? Les faibles ne sont point à plaindre dans la dépendance des forts; mais les forts ne peuvent souffrir la servitude sans une insupportable violence. Donnons à ce peuple abattu quelque exemple qui le réveille; les ambitieux sont l'ame des corps politiques; le repos en est la langueur... Ainsi s'explique Clodius avec ses amis. Quand il est avec des personnes qui l'obligent à plus de retenue, il leur dit qu'on fait bien de réprimer le vice, mais qu'il faut avoir attention que le remède qu'on y apporte ne soit pas lui-même un plus grand mal. La vertu, dit-il, est aimable par elle-même; que sert d'employer la force pour la persuader? La force est toujours odieuse, quelque juste qu'en soit le motif. Voyez, dit-il encore, la diversité que la nature a mise entre les hommes : est-il juste d'assujétir à la même règle tant de différens caractères? Peut-on obliger tous les hommes à marcher dans la même voie? et faut-il tenir la nature prosternée sous un joug si rude? Tels sont les discours les plus modérés de Clodius. Mais s'il se forme un parti dans la république qui ne tend rien moins qu'à sa ruine, il excite les conjurés à l'avancer, et leur dit qu'il faut que tout change; que c'est une fatalité inévitable; que les opinions et les mœurs qui dépendent des opinions, les hommes en place et les lois qui dépendent des hommes en place, les bornes des États et leur puissance, l'intérêt des États voisins, tout varie nécessairement. Et, dit-il, de ces changemens il n'y en a aucun qui ne se fasse par la force, car la séduction et l'artifice ne méritent pas moins ce nom que la violence déclarée et manifeste. Mes amis, continue-t-il, qui peut retenir vos courages? craignez-vous de troubler la paix de la patrie? Quelle paix, qui avilit les hommes dans un misérable esclavage! Estimez-vous tant le repos? et la guerre est-elle plus rude que la servitude? Ainsi Clodius met tout en feu par ses discours séditieux, et cause de si grands désordres dans la république qu'on ne peut y remédier que par sa perte.

XXVIII.

L'Orateur chagrin.

Celui qui n'est connu que par les lettres, n'est pas infatué de cette gloire, s'il est ambitieux. Bien loin de vouloir faire entrer les jeunes gens dans sa propre carrière, il leur montre lui-même une route plus noble, s'ils osent la suivre. Le riche insolent, leur dit-il, méprise les talens les plus sublimes, et le vertueux ignorant ne les connaît pas... O mes amis! pendant que des hommes médiocres exécutent de grandes choses, ou par un instinct particulier, ou par la faveur des occasions, voulez-vous vous réduire à les écrire? Si vous faites attention aux hommages qu'on met aux pieds d'un homme que le prince élève à un poste, croirez-vous qu'il y ait des louanges pour un écrivain, qui approchent de ces respects? Qui ne peut aider la vertu, ni punir le crime, ni venger l'injure du mérite, ni confondre l'orgueil des riches, se contentera-t-il d'un peu d'estime? Il appartient à un artisan d'être enivré de régner au barreau, ou sur nos théâtres, ou dans les écoles des philosophes; mais vous qui aspirez à la gloire, pouvez-vous la mettre à ce prix? Regardez de près, mes amis : celui qui a gagné des batailles, qui a repoussé l'ennemi des frontières qu'il ravageait, et donné aux peuples l'espérance d'une paix glorieuse, s'il fait tout à coup disparaître la réputation des ministres et le faste des favoris, qui daignera encore jeter les yeux sur vos poètes et vos philosophes? Mes amis, ce n'est point par des paroles qu'on peut s'élever sur les ruines de l'orgueil des grands et forcer l'hommage du monde, c'est par la vertu et l'audace, c'est par le sacrifice de la santé et des plaisirs, c'est par le mépris du danger. Celui qui compte sa vie pour quelque chose, ne doit pas prétendre à la gloire. Ainsi parle un esprit chagrin que la réputation des lettres ne peut satisfaire. Il parut quelquefois chercher à s'affermir lui-même contre les déplaisirs de son état, et combattre avec violence. C'est peu, mes amis, reprend-il, de souffrir d'extrêmes besoins et d'être privé des plaisirs. Quel est celui qui a été pauvre et qui a évité le mépris? Qui n'a pas été opprimé par les puissans, moqué par les faibles, fui et abandonné par tous les hommes? A-t-on estimé ses talens? a-t-on fait attention à sa vertu? La nécessité l'a tenté, l'infortune l'a avili, et le sort s'est joué de sa prudence. Toutefois ni l'adversité, ni la honte, ni la misère, ni ses fautes, s'il en a faites, ni l'injustice de ses ennemis ne lui ont ôté son courage. Qui voudrait être riche mais avare, respecté mais faible, craint mais haï? Mais qui ne voudrait être pauvre avec de la vertu et du courage?

Celui qui peut vivre sans crime, et qui sait oser et souffrir, sait aussi se passer de la fortune qu'il a méritée : les heureux et les insensés pourront insulter sa misère; mais l'injure de la folie ne saurait flétrir la vertu. L'injure est l'opprobre du fort qui abuse des dons du hasard, et l'arme du lâche insolent... Ces discours d'un esprit inquiet qui s'est fait un nom par les lettres, échauffent l'esprit des jeunes gens prompts à s'enflammer; mais la fortune laisse rarement aux hommes le choix de leurs vertus et de leur travail.

FIN DU PREMIER VOLUME.

TABLE

DES

MATIÈRES CONTENUES DANS CE VOLUME.

INTRODUCTION A LA CONNAISSANCE DE L'ESPRIT HUMAIN.

LIVRE PREMIER.

LIVRE DEUXIÈME.

LIVRE TROISIÈME.

RÉFLEXIONS SUR DIVERS SUJETS.

RÉFLEXIONS CRITIQUES SUR QUELQUES POÈTES.

LES ORATEURS.

CARACTÈRES.

FIN DE LA TABLE DU PREMIER VOLUME.

www.ingramcontent.com/pod-product-compliance
Lightning Source LLC
Chambersburg PA
CBHW050456270326
41927CB00009B/1776
* 9 7 8 2 0 1 1 8 6 8 0 7 7 *